国際モンテッソーリ協会(AMI)公認シリーズ……04
Montessori Education

忘れられた市民
子ども

モンテッソーリが訴える永遠の問題

マリア・モンテッソーリ
by Maria Montessori
AMI友の会NIPPON
Friends of AMI NIPPON
…訳・監修

JN202971

風鳴舎

Copyright © The AMI logo is the copyrighted graphic mark of the
Association Montessori Internationale
www.montessori-ami.org
AMI-Publishing@montessori-ami.org
Montessori-Pierson Publishing Company is the copyright owner of the
works of Maria Montessori
www.montessori-pierson.com

謝辞

この度、AMI友の会NIPPONより「忘れられた市民　子ども」が出版されますことを心から嬉しく思っております。

最近は一四歳で史上最年少の将棋プロとなった藤井聡太七段が、幼い頃モンテッソーリ教育で育ったことが話題にあがっております。今回の「忘れられた市民　子ども」においても、まさに子どもの発達から大人が学んで、必要な要素を教育の現場に丁寧に準備することが約八〇年前にマリア・モンテッソーリによって書かれています。

国際モンテッソーリ協会（AMI）公認シリーズも四巻目となりました。第一巻は「人間の傾向性とモンテッソーリ教育」（二〇一六年六月出版）、そして第二巻は「一九四六年ロンドン講義録」（二〇一六年九月出版）、そして、今回の「忘れられた市民　子ども」は第四巻目となります。これは、三冊の原書：小冊子（「平和と教育」「モンテッソーリが訴える永遠の問題」「忘れられた市民　子ども」）を併せて一冊にしたものです。

現在モンテッソーリ教育を学んでいらっしゃる方々にはもちろんのこと、教師として、または親として、日々お子様のそばにいらして、彼らが自分自身の力で進もうとする努力を見守りそれを助けていらっしゃる方々にも、大変お役に立つことと存じます。

このお話が始まりましてから、その実現に向かってAMI友の会NIPPONのメンバーがこぞって協力してまいりました。

私も二〇一五年の四月にオランダのＡＭＩ総会に出席いたしまして、その折に、現事務局長のリン・ローレンスさんと、本著の版権をお持ちのモンテッソーリ・ピアソン出版会社の社長でありモンテッソーリ博士のひ孫にあたるアレキサンダー・ヘニー氏が特別な時間を設けて下さり、契約書を交わし、日本での翻訳出版の正式な許可をいただきました。松本愛子さん、松本美浩さん、三浦勢津子さんも同席し、本書に続き次々とＡＭＩが出版しているブックレットが日本語に翻訳されることになったことを喜び合いました。

この度の翻訳・編集、あとがきにあたりましては深津高子さんが協力して下さいました。またお忙しい中、シリーズの開始からずっと、簡潔で印象深い推薦文を表紙の帯に書いてくださっている東京大学名誉教授の汐見稔幸先生にも心からの感謝の言葉をお伝えしたく思います。

「忘れられた市民　子ども」が、皆さまのモンテッソーリ教育へのご理解の一助となりますことを願っております。

一般社団法人　ＡＭＩ友の会ＮＩＰＰＯＮ代表
東京国際モンテッソーリ教師トレーニングセンター所長
松本静子

目次

第 1 章

平和と教育

出版元：
Association Montessori Internationale（国際モンテッソーリ協会）
Koninginneweg 161, 1075 CN Amsterdam
Netherlands

www.montessori-ami.org
2013版 英語
©　Maria Montessori, 1932

マリア・モンテッソーリによる一九三二年ジュネーブでの講演

この文章は国際教育局[*1]（B.I.E）というユネスコの前身であった団体に招待されたマリア・モンテッソーリ博士が、一九三二年にジュネーブで行なった講演の内容です。

この講演の初版は国際教育局によって英語とフランス語で一九三二年に同時発行されました。その時の表題は"Education and Peace"（英題）、"La Paix et l'education"（仏題）でした。イタリア語では"Educazione e pace"という題で一九三二年に出版されました。

＊1　国際教育局
一九二五年発足。本部ジュネーブ。国際的な教育情報の交換や教育問題を研究する機関。心理学者ピアジェが長く局長を務めた。一九六九年にユネスコに編入し、現在はユネスコの下部機関。仏語ではB.I.Eで英語ではI.B.E（International Bureau of Education）。

1　平和という問題

専門家でない人の話は聞く価値がないと思われている今日、もし誰かに平和について講演を頼んでも、この時代[*2]にそぐわないと思われるでしょう。どんなに些細で取るに足らない問題についても、私たちは最も優れた講演者を選ぼうとします。誰も数学を専門とする人に、近代アートについての評論を聞こうとは思わないでしょう。文学を専門とする人に放射能理論を詳しく教えてほしいとは希望しないでしょう。

では、平和という人類がこれまでに獲得した英知の中で、最も崇高な分野においてはどうでしょう。平和は正に世界の国々の存命がかかっている問題です。恐らく、すべての文明の進退さえも、大きく左右する問題ではないでしょうか。

だとするならば、平和について科学的に分析し論じる学問が存在しないというのは、なんと不思議なことでしょうか。軍事や兵法のように、少なくとも戦争については研究され論じる分野が発展していますが、こと平和については、科学的に研究され、論じ合う平和学なるものは存在しないのです（十七頁の注

＊2　この時代
時代背景としてムッソリーニがファシスト党を結成し（一九二一年）、ドイツにはヒットラー内閣が成立した（一九三三年）前年であった。

６参照）。

戦争という人間の集団が起こす行為は、とても理解に苦しむ現象です。なぜなら、世界のすべての人が戦争という最も恐しい苦しみを味わいたくないと心底願っているにもかかわらず、同じ人間同士で戦争を起こし、恐ろしく苦しい状況に自らを投じていくからです。

自然災害の起こる仕組みや原因を明らかにしようと、多くの研究者が一生をかけて取り組んでいます。地震の研究もその一つです。しかし自然災害は人類がどう頑張ってもなくすことはできません。

戦争はどうでしょう。戦争は人間が起こすもので、人間による行為以外のなにものでもありません。ですから人間は、戦争がなぜ起こるのか、その仕組みと原因の究明を、他の何にも増して進めなくてはなりません。

同時に、この世界に平和を築くためには、一見それとは関係ない事柄や要因が複雑に繋がっていて、これは研究価値があり、強力に組織された科学を生み出すのにふさわしい研究であるに違いありません。

しかしはっきり申し上げましょう。平和についての研究は、どんな初歩的な事柄においても今まで着手されたことがありません。さらにおかしなことに、平和という概念自体が明確ではなく、これまで正しく定義されたことさえないのです。

2　戦争と平和の違いを理解すること

これは非常に驚くべき事実です。

人間はこれまでに宇宙のたくさんの謎を解いてきました。地球を治め、目に見えない不思議な力でさえも解明してきました。生きていく上で必要不可欠な保存本能[*3]がそのように人を動かしてきたのです。

もっと言えば、人間の知りたい、見つけ出したいという欲求が人間をそのように駆り立ててきたのです。それなのに、人の内側に存在するエネルギーについては、まだ知られていない広大な秘境があるというのは面白いことだと思いませんか。

＊3　自己保存の本能
生物が生まれながら持つ、自己の生命を守り、発展させせようとする衝動。

目に見える外側の世界を統治している人間でも、様々に形成された集団の中で培われ、表出されてきた自身の内側に潜むエネルギーについては、未だ自分のものとして上手く使いこなせないままでいます。もし人間にこの理由はなぜかと聞いても、はっきりとした答えは分からないでしょう。

平和という概念も、これと同じように、依然として、分からないことだらけで私たちは未だに知識を持っていません。平和という言葉は一般的に戦争をやめることを意味します。しかしこれはとても消極的な捉え方で、平和が意味する本当の概念とは異なります。

戦争はそれぞれに違う目的で始まりますが、前述のように戦争でない状態を平和と解釈するならば、平和とは絶対的な安定した揺るがない勝利だと考えることができます。

元来、戦争は土地の奪い合いや、どこかの国を鎮圧して支配する目的で起こりましたが、だんだんと昔の性格は消え、今では実際の土地よりも、むしろ経済の仕組みの上に置かれた社会的な組織の方が重要になりつつあります。それにもかかわらず、現在とはずれた古い動機を未だに本当の動機であると考え続けている人々は、昔の背景を背負って自ら戦争へと邁進していくのです。

国土の侵略という不安材料を前に出されると、なぜ民衆は立ち上がって、そして、死の行進に備えるのでしょうか。なぜ女性や子どもたちまでもが自国の防衛へと駆り立てられてしまうのでしょうか。

それは恐怖に他なりません。その恐怖とは何か。それは、戦争が終わると「平和」と名付けられている時代がくるからです。人間の歴史が私たちに教えてくれています。「平和」と呼ばれるもの、それは負けた側にとっては降伏です。その結果、人々は大事にしてきたものすべてを失い、自分たちが築きあげてきた財産も、働いて得た実りも手放すことを余儀なくされます。勝者はまるで「お前たちは負けたのだから罰を受けて当然だ」というように災害の犠牲者に、すべてを断念させます。

戦いが終わったとしても、このような状況は平和と呼べません。逆にこのような順応[*4]こそが、戦争が持つ真の倫理的悲劇をもたらしているのです。

戦争を、美術品や様々な宝物と共に燃え落ちる城の例で考えてみましょう。

戦争が起きた結果、城は燃えて灰になり、有毒なガスで悪臭の立ちこめる塊と

＊4　順応
原文にはadaptation（適応）とあるが、あえてここでは「境偶の変化に慣れること」という意味で順応とした。

変わり果てました。この災難は究極の結末を迎えたことになります。ところが、この灰や吹き出される毒々しいガスにまみれた状態、これを私たちは「平和」という言葉で表しています。

違う例で考えてみましょう。

身体の免疫力が低下し感染症を患って死の際にある人を想像してください。やがてその人の体内で起こっていた悪い細菌と免疫との戦いが終わった時、私たちは心からその人が安らかになることを、魂に平安が訪れることを願うでしょう。しかし、臨終による平安と、健康と呼ばれる状態は、なんとかけ離れていることでしょうか！

終戦によって期待される最終的な結末や、揺るぎない勝利による結末を平和と名付けてしまうことにそもそもの間違いがあるのです。この間違いによって私たちは真の平和へ導かれる救いの道から逸れ、誤った道へと引きずり込まれていきます。どの国の歴史においても、この種の不当な勝利が時代と共に繰り返されているように、この間違いが私たちの内にとどまる限り、平和への希求は人類には到達できない、はるか彼方の夢のままです。ですから、戦争と平和が倫理的に正反対の関係である、その本質の違いを明確に理解する必要がありま す。この明確な認識のないうちは私たちは惑わされ続けるでしょうし、平和をいくら求めても紛争がやむことはないでしょう。

これは過去についてのことだけを述べているのではありません。今日では戦争状態にない国と国の間柄においても、かつて起こった戦争の勝者と敗者の間で取り交わされた結果としての順応があります。勝利した側は鞭を持って打ちのめし、負けた側は彼らに呪いの言葉を吐く、それはまるでダンテ[*5]の「地獄篇」に登場する悪魔と、地獄行きを宣告された男のようです。

どちらも、人は皆、神の愛の息吹からは遠く離れ、宇宙の調和から外ずれてしまった存在です。そして戦争は終わりなく繰り返されることとなります。というのも、すべての国は勝ちと負けを繰り返していくからです。言うなれば、国と国との関係は、長い時代を重ねても、互いに害を与える関係でしかありません。真の平和はその反対です。人々の間に公正さと愛の勝利をもたらしその勝利が、調和の息づく、より良い世界を実現するのです。

戦争と平和の違いを明らかにするには、他の多く人々がしたように、この分

＊5　ダンテ・アリギエーリ（一二六五年〜一三二一年）
イタリアの詩人・哲学者・政治家。「地獄篇」はダンテの代表作である叙事詩『神曲』の中の第一部。

野に光を当てるような、そんな出発点だけでは十分ではありません。これについての実際の調査研究が必要です。しかしながら、人の精神の真実を探求する研究所や、平和に繋がる実際の行為について追求する研究所[*6]を、私たちはいったいどこに見つけられるというのでしょう。現実、そのような研究所はありません。心情的な意見を交わす話し合いの場での決定事項や訴えはあっても、平和という大きな問題の根幹にある部分の研究を進めようなどとは、誰の考えにものぼりません。私たちは未だ混沌とした倫理の状態に生きているようです。

何故かと申しますと、私たちは、病原菌を発見し無数の人の生命を病気から救う血清を発見した人たちを称賛しながら、同じように、またはそれ以上に、その知的な能力を使って破壊のための兵器を開発し、世界のすべての人々を抹殺するためにそれを使う人たちを称賛しているからです。

生命や道徳の原則に基づいた価値観でみると、この二つは完全に矛盾した事柄です。このような状態では、私たちはまるで二重人格性を帯びた集団です。どういう訳か、相い入れないものの共存を信じてしまっているのです。不可解なことです。これは明らかに、人間の心理には未だ解明されていない空白の部分があり、それらが人類の計り知れない場所で、抑えられない野生状態のまま

＊6　平和研究所
現在ではヨハン・ガルトゥング博士が一九五九年に創設したオスロ国際平和研究所をはじめ、大学や公的機関に平和研究所が設置され「平和学」という学問もある。

の危険な力となって存在していることを示しています。

平和のための研究には、この問題のまだ解明されていない要因のすべてに考えを巡らせていかなくてはなりません。戦争という究極に行き着く先と遠く離れている隠された要因や、私たちが考えたこともなかった要因を考慮しなければなりません。なぜなら戦争の原因は、一般常識である労働者の社会的不公平さの中にも、また戦争が終わった後の悲惨な生活状況の中にも見つけることはできないからです。このことはすでに誰でもわかる社会的背景の結果です。この簡単な論理ではっきりとわかることは、人々は過去の戦争を反省しながら、次なる戦争への階段を上って行くのです。

3　伝染病と戦争

私の述べてきたことは戦争と並行するように起きていた歴史上の、ある現象によっても説明できるでしょう。その現象は、昔から身体的次元に映し出されていました。高い致死率で人類全体を滅ぼしかねなかった伝染病、ペスト[*7]をさしています。それは数千年もの間、人類にとっては克服することのできない非

＊7　ペスト
ペスト菌がネズミを媒介に人や動物に感染する伝染病。致死率が高く、罹患すると皮膚が黒くなることから黒死病とも言われた。歴史上、何度も世界中で大流行をしその度に多くの犠牲者を出した。抗菌薬の開発で今では治療が可能。日本では感染症法により一類感染症に指定されている。

常に恐しい病気でした。ペストという伝染病は、人々の無知のために、発生のたびに広い範囲で感染を招きました。そして、科学的な研究の末、誰にも分からなかった原因が究明されて初めて人類が克服できた病気です。私たちが知る限り、ペストは長い周期で現れていたのです。

戦争と似ていて、伝染病はやがて自然に消えるのですが、この時代の社会の人々は原因が分からず、病気の収束を早める有効な手立てをなんら講じられずにいました。ペストは身の毛もよだつひどい拷問のようでした。世界中に蔓延し、歴史に残るほど大きな荒廃を引き起こしました。これも戦争に似ているところです。

実際にペストは戦争の犠牲者を上回る数の犠牲者を出し、経済の破壊は戦争を上回るものでした。一四世紀には、中国だけでも一千万人の犠牲者を出すペストが蔓延しました。その破壊的な波はロシアでも、トルコ周辺の小アジア地域でも、エジプトでも猛威をふるい、ヨーロッパにまで到達して人類全体の破滅の危機を招きました。ウェルズ[*8]が引用していますが、ヘッカー[*9]によると、その犠牲者の数は二五〇〇万人以上とされていますから、犠牲者数でみれば、世界で起きたどの戦争よりも、先の第一次世界大戦よりも、ペストの方が悲惨

＊8　ウェルズ
時代背景から考察して、ハーバート・ジョージ・ウェルズ（Herbert George Wells. 一八六六年－一九四六年）のことと考えられる。イギリスの著作家で「SF小説の父」と呼ばれ、社会活動家や歴史家としても多くの業績を遺した。

＊9　ヘッカー（Justus Friedrich Karl Hecker：1795-1850）
ドイツの医者。中世の疫病について研究したことで知られる人物。

だったといえます。

この災難がやって来るたび、社会の生産活動は停止を余儀なくされました。これにより、悲惨な時代が続きます。生き残った人々の多くは精神的に取り乱し〝幻覚〟とも言うべき現象が付いて回り、そして、ペストの後には物資困窮の時代が続きます。このようなわけですから、以前のような普通の状態に戻ることはさらに難しくなり、その時代に積み上げられてきた文明や文化の発達は長期の停滞に陥ります。この恐怖の流れについての説明をよくよく考えてみると、身体の話に置き換えてはいるものの、戦争のイメージするものとぴったりと当てはまります。またその恐怖から人々を守るために試行錯誤されてきたことを知ると、それもまた興味深い内容です。

ホメロス[*10]やティトゥス・リウィウス[*11]の時代の記録から中世の労働の記録まで、どんな時も同じ説明がなされています。ペストが蔓延するのは悪意ある人間によって毒が撒き散らされているからだと説明されているのです。紀元後になって流行ったペストについて説明したカッシウス・ディオ[*12]は、このローマ帝国の中に残忍な者がいて、金目当てに毒針を撒き散らしたと語っています。

また別の時代、ローマ法王クレメンス六世[*13]の時にはユダヤ人がこの病気を広

＊10　ホメロス（Homer 紀元前九–八世紀）
古代ギリシアの叙事詩人。『イーリアス』と『オデュッセイア』の作者と考えられている。実在した人物かどうかの疑問の声も上がっている。

＊11　ティトゥス・リウィウス（Titus Livius：紀元前五九年–紀元後一七年）
古代ローマの歴史家。『ローマ建国史』の著者。

＊12　カッシウス・ディオ（Cassius Dio：一五五年–二二九年）
歴史家として八〇巻から成る大著「ローマ史」を執筆した。ローマ帝国の政治家でもあった。ギリシャ語でディオン・カッシウスと称されることもある。

＊13　ローマ教皇クレメンス六世（一二九一年–一三五二年、在位一三四二年–一三五二年）
一三四八年、アヴィニョンでペスト流行の際、その原因と決めつけられ迫害されたユダヤ人たちを保護した。

めているとの告発がなされ、そのためにユダヤ人の大量虐殺が行われました。

ナポリ包囲戦[*14]の最中にもペストが大流行して敵味方合わせて四〇万人が感染しました。それは、ナポリの総人口と攻撃中のフランス軍の四分の三を合わせた数に匹敵する数です。ナポリ人はフランス軍が自分達に毒を撒いたと思い、フランス軍はナポリ人が我々に毒を撒いたのだと思ったのです。

さらに興味深いのは、ミラノの古代アンブロージアン図書館で発見された法廷の記録文書です。その文書にはミラノで大流行したペストを起こした罪で告訴された二人の容疑者についての裁判の経過が書かれています。裁判の結果、二人の容疑者は大衆への見せしめとして死罪を言い渡されました。これは合法的に行われた唯一の訴訟です。なぜなら、ペスト蔓延の異常な状況下で、公的な懲罰が大衆による復讐という形でなされることを避けたからでした。国の公文書に残されたこの裁判の一連の経過については多くの作家が様々な意見を述べてきました。

重要なことは、疑う余地もなく病的で異常な行為である見せしめとしての死罪が、まるで法に基づいた当然のことのように議論された事実と、またこのようなとてつもない災害を起こす力などまったくない人に対して裁判が行われた

＊14　ナポリ包囲戦（一五二七年）
一五二六年から一五三〇年、神聖ローマ皇帝カール五世とコニャック同盟（フランス王国、教皇クレメンス七世、ヴェネツィア共和国、ミラノ公国、フィレンツェ共和国、イングランド王国）の間に起こったコニャック同盟戦争で、フランス軍がナポリ市を包囲した戦い。

という事実です。今日の私たちがペストについて考えれば、これは不条理なことだとわかります。

しかし、これが戦争だったらどうでしょうか。私たちは世界に突然起こる大事変の責任を一人のドイツ皇帝*15や、ロシア女帝*16、または、サラエヴォでのオーストリア皇太子暗殺犯*17になすりつけたりはしていないでしょうか。

もう一つペストの流行った時期に自己保存の本能によってみられた現象がありました。

それは、病気に罹りたくない、助かりたいという本能から引き起こされました。ペストが一番激しい蔓延を見せている時に、病気にかかっていない人々がわざわざ集まってきたのです。その集団は公の広場に、また各地の教会に溢れるほど集まってきて、祈りを唱えながら、儀式用の旗やキリストの聖画、聖遺物を掲げて行列行進を行い、道々で救いを願いました。このような光景は、病気を免れ生き残れたかもしれない多くの人たちへ余計な感染を広める一因となってしまいました。

ついにある時、災難はピタッとやみます。生き残った人は生命をとりとめました。人々の心は死の恐怖が去ったことによる希望で膨らみ、人類は与えられ

＊15　ドイツ皇帝
原文ではthe Kaiserと記されウィルヘルム二世（一八五九年－一九四一年、第九代プロイセン王国国王、第三代ドイツ帝国皇帝）を指している。一貫した帝国主義政策によりイギリスやフランス、ロシアなど他の帝国主義国と対立を深め、最終的に第一次世界大戦を招いた。

＊16　ロシア女帝
原文the Czarinaと記されている一般的にロシアの皇帝妃や女帝を表している。第一次世界大戦にまつわるロシアの女帝、皇帝の妃と思われるが、ここでは人物の確定ができない。

＊17　サラエヴォでのオーストリア皇太子暗殺犯
一九一四年六月二八日にオーストリア＝ハンガリー帝国の皇太子夫妻が、サラエボを視察中、ボスニア出身の青年ガヴリロ・プリンツィプによって暗殺されサラエボ事件が起きた。この事件がきっかけとなって、第一次世界大戦が開戦した。

た試練をここに乗り越えたのだと確信しました。そして、彼らは恐らく、人類は最後の試練を乗り越えたのだと信じたかもしれません。

前述の現象に見られる人間の心理状態は、国同士が戦争をしないために結ぶ同盟を連想させます。戦争になる前、ヨーロッパの国々は同盟を結んで均衡を築いて戦いが起こらないようにしましたが、正にこの仕組みこそが大きな災害を起こす原因だということを、今日容易に理解できます。

なぜなら、同盟を組んでいるというただそれだけの理由で、多くの国が争いの中へ埋没していってしまうからです。今、仮に世界のすべての国が戦争を回避するための同盟で結束したとしても、この傾向性に目を留めないまま、何よりも注意を注がなくてはならない原因に対して無関心で、問題を言及することがないならば、戦争は世界中に広がるでしょう。のみならず、人間は戦争のたびに期待を抱き、これは永久に続く平和のために必要な最後の戦争だったと思い違いを続けることでしょう。

4　ペストから新しい生き方へ

ついに目に見えない分野における科学的研究が、ペストの直接原因を発見しました。

ある特定の微生物がこの病気の病原であること、またその病原を広げる媒体がネズミであることが分かったのです。この小動物は人から逃げ回り隠れていたため、病気の原因だとは一度も疑われたことはありませんでした。一度ペストの病原が知れると、これが身近なところで人々の健康を脅かす数ある病気の一つだということ、そしてこの病気は不潔な環境下で感染することが明らかになりました。

中世の人々は不潔な環境の中、衛生に関して無関心で無知な生活を送っていました。人々は汚物の溜った街路を行き来し、個々の家には水もなく、暗くて風通しの悪い部屋を寝床として選び、太陽の光を恐れるかのように避けていました。

この環境はペストの温床になったことは勿論のこと、他の騒がれることは少なかった数々の病原菌が繁殖する絶好の場となったのです。他の病気は個人やその家族を襲っただけで、人類全体の生命を脅かすものではありませんでしたから、病気が発生しても騒がれることは少なかったのでしょう。

したがって、人がペストに対してうまく戦うことに成功すると、当然のこととして、ペストだけでなくすべての細菌による病気への対処もなされることになり、市街地や公共の場、各家庭の中において、清潔な環境にするための運動があちこちで熱心に行われるようになりました。このことは、人類の生存を今日も脅し続ける最も小さな生物からの防衛に成功した、人間の栄光ある歴史の第一章となりました。

長い間の戦いの末にやっと獲得した、この究極の身の回りの衛生管理にはもう一つの側面があります。

生育がよく、頑丈で、まったく病気のない健康な人物は、流行り病にかかるリスクを避けられるということから、健康そのものが新しい価値となったのです。健康であることは、物事を自制したり、自然志向の生活を送ることと関わっています。なぜなら、自制心は幸せや、若返り、長寿をもたらしてくれる要因だからです。健康であることは大きな意味を持つようになりました。申し分のない健康という理想を掲げ、当時の人々はその目標を達成しようとしました。

そこで人々はこの新しい健康への探求を始めるのですが、当時、完璧な健康状態の人などどこを探してもいませんでした。栄養失調だったり、栄養過多だったり、また健康に害を与えるものをたくさん摂取しているような人ばかりだったのです。当時の人はあえて身体に悪いことを好んでいたと言っても過言ではありません。少しずつ至福を味わいつつ、自分に苦しみや死を運んでいるかのように、人々は過剰な食べ物や強いアルコールの摂取、また仕事もせず遊び呆けるような怠惰な生活を何よりも楽しんでいました。

ところが、科学が明らかにしたことは、人が悦に興じる事柄、実際それは人が羨むような特権的な事柄でしたが、その中には死をもたらす病気の要因が内在しているということでした。当時、贅沢の限りを尽くす食事や、優雅で心そそるワインセラーの趣味、何も考えず不精な生活を自らの意思で捨てることは、病気にならないための方法としてではなく、むしろ、神のために自分を犠牲とする行為だったり、懺悔のためだったり、崇高な美徳行為だと思われていました。目の前の享楽的な生活を放棄することは人生を犠牲にすることと同じでした。実はこのような悦びは思いもよらない破滅的な土台の上にたっていたのです。

これらの生活は、怠惰な生活に溺れ、熱心に努力して生きることをすっかりやめてしまった人々の享楽でした。微生物の大群が人を襲ったと同時にそのような彼らは感染をし、衰弱して、ほとんど死に近い状態になりました。

しかしついに、生きることへの愛が蘇り、それが有力な力として広がった時、人々は自分の道徳的態度の堕落がもたらす結果に恐れおののき、太陽の光へ向かって飛び立ち、解放されたように活き活きと活動を始めたのです。

質素な生活、節度のある食事、野菜中心でさらに加工して栄養素を壊さない生物（なまもの）を摂取する食生活をするようになりました。身体を鍛える喜びや自然から与えられる恵を全身で受けたり、これが今日、現代的な生活を楽しむ方法を知っている人の生き方や、病気を克服し長生きしたいと願う人の生き方になりました。

きっと昔の聖者も、完全な悔い改めの手本として、このような人々の生き方に感心していることでしょう。

5　人々が抱える倫理の問題

身の回りの衛生管理についての概念は、このようにして、以前の価値観を完全に裏返しました。そしてこれが人間を死へと追い立てる悦びに代わって、長く生きるための喜びになったのです。

しかし、倫理の領域で人間の進歩はまったくありません。私たちの道徳観は低く、まるで中世の人々の公衆衛生への認識と同じに例えられるほど乏しいものです。私たちの良心は、人間の心の奥に潜んでいる知られざる部分で、人類を脅かす倫理的欠陥があることさえ疑っていないのです。表面的な部分でしか考えていないからです。そして、救いは犠牲をもって見いだされると昔から信じられてきた考えを、古びた倫理の足かせのように振り払いながら、今日の緩んだ道徳観について、それが進歩した現代型の自由だと人々は説明するのです。

頑張りを要することはすべて機械に任せて仕事を減らす、そのようなことが私たち現代社会が向かう、輝かしい目標とされています。さらに、この秩序の乱れた倫理に基づく生活の根底には、金欲を抑えることのできない人間の欲望がみなぎっていることが分かります。この強欲の悪は、精神的な怠惰と並行する肉体的な怠惰です。怠惰や強欲のような悪徳は、富が高く積まれる幻想や、働かずに楽しむという幻想を起こします。しかし退廃的な時代背景の中、この二つの悪徳に根をはった喜びは、本当のところ害を及ぼし、死を呼び寄せる危険なものなのです。

健全で満ち足りた生き方に繋がる明るい世界は未だ隠されたままです。なぜなら、人は内に秘めた悪徳によって、明るい世界からはそっぽを向き、その意識の下の暗い洞窟の中で自分自身を蝕んでいるからです。もしこの状態を病的描写に置き換えて考えるのをお許しくだされば、私たちの今ある道徳観の状態は、まるで少しずつ忍びよる、生活に脅威を突きつける病気のようです。その病名は結核[*18]と呼ばれます。初期症状の時期に、結核は快楽を異常に欲し、その後、結核菌はわずかな症状で潜伏し長い間、体内に残ります。ペストが急速で突然の脅威だった一方、結核はゆっくりと身体を弱らせ、蝕んでいくのです。

よく考えてみますと、私たちの道徳観は暗く風通しの悪い場所、つまり、まるで進歩のない状態にあります。その中で私たちの集団は間違った主張をしているのです。

＊18　結核
結核菌によって感染する病気。感染しても潜伏期間は症状が現れないことが多い。初期の症状が長期間続き、進行にしたがって病状が深刻になる。抗菌剤による治療法以前は「不治の病」と呼ばれていた。

例えば、今日、道徳者たちの中には、すべてが人間の理性に基づいて決定されることが、この時代に間違いを起こしているのだと繰り返し訴えている人もいます。また、ただ理詰めで考えるだけでは前には進まない、すべてを考慮に入れる必要がある、と説得する道徳者もいます。ですがどの人も、今日何ごとにも増してその力を振るい、私たちの世界を治めているのが人の理性だということを疑ってはいないようです。しかし、人間の理性は今日、紛れもなく、暗闇の中で打ちのめされ弱々しい状態です。事実、倫理的な無秩序の広がりは私たちが陥っている精神的退廃の一面にしかすぎず、もう一面において私たちの理性が失われているのです。

この理性の喪失と、それによって広がり増え続ける狂気が、私たちの時代の特徴です。理性へ戻ることこそが私たちにとっての緊急事項です。

もしも私たちが人類のまともな精神の立て直しを願うならば、子どもへと逆のぼらなくてはなりません。ただし子どもを、私たちの息子や娘という、大人の責任の中に置かれた存在として考えるだけではありません。子どもを、大人に依存し、大人に付随する存在としてではなく、子ども自身、一人の独立した存在として考えなければならないからです。[*19]この世の救い主として、また底知れぬ可能性を与えられた存在として、人類と社会をよりよく再生する存在とし

＊19　この世の救い主
英文では「Messiah（メサイア）」と書かれている。クリスマスの起源、イエス・キリストの誕生の物語に重ねている。聖書の中には「救い主がお生まれになった」と記され、Messiahとは救い主イエス・キリストを示す。

て、大人は子どもに向き合わなければなりません。

私たち大人は目立たないように控えていなければなりません。そして、子どもが救い主であるという考えに満たされた時、子どもの元へ行きましょう。東方の博士[20]らのように、希望の星に導かれ、たくさんの貢物を持って。

6　大人と子どもの闘争

ジャン・ジャック・ルソー[21]が子どもについて理論的に想像したように、子どもの内側には社会の悪い影響によって変えられ、台無しにされる以前、人として自然に備えられた特徴が見られます。このファンタジーの天才であるルソーは理論上の問題を巡りながら、一人の子どもの物語を作り上げました。ルソーの理論は、観念的な心理学の分野に影響を及ぼし、心理学の研究は人間の精神の発生学の研究へとさらに進んでいきました。

ところが、私たちが生まれたばかりの子どもを研究したところ、その子どもは思いも寄らない精神的な特徴を顕にし、今までは未知だった驚くべき発見を

＊20　東方の博士
イエス・キリストが生まれた時、星の光に導かれ救い主を拝みに来た三人の博士のこと。黄金・乳香・没薬を貢物として幼子イエスに捧げたと聖書に記されている。

＊21　ジャン・ジャック・ルソー (Jean-Jacques Rousseau : 1712-1778)
フランスの作家、啓蒙思想家。著書「エミール」で理想となる教育プランを構想し、自分が教師となり、架空の孤児「エミール」をマン・ツー・マンで育成する思考実験を行い、教育を理論化しようとした。

しました。私たちが発見したものは精神の芽生え以上のものでした。

特に私たちが衝撃を受けたのは、実際に存在する闘争、人がこの世に誕生するのを待ち構え、育っていく間も絶え間なく続く闘いの存在でした。それは大人と子どもの間に生じる闘いであり、強者と弱者の間に生まれる闘い、また盲目な人とよく見える人の間に横たわる闘いです。子どもに関わる大人は盲目、よく見えるのは子どもの方だとここでは申しておきます。まさしく、子どもは小さく燃える灯火として私たちに贈られた啓蒙者です。

大人も子どもも、どちらも自分たちの持つ特性には無意識の状態のまま、長い間の戦争状態に身を投じており、複雑で憂鬱なこの現代社会の故に、それは今日ますます深刻さを増しています。大人が子どもを屈服させると、その子どもが成長して大人になった時、その人の中に永遠に跡が刻み込まれます。それは戦争の後にやってくる、かの有名な平和の痕跡であり、一方には破壊の、もう一方には痛ましい順応の跡が残ります。

年を重ねて堕落した大人に、自分の新鮮な新しい生命の息吹を染み込ませて、活き活きと蘇らせてあげることは子どもにはできません。大人は子どもを押さえ付け、潰そうとするからです。この状況は過去においてはそれほどの害をなすものではありませんでしたが、大人が新しい環境を造れば造るほど、自然の状態から離れ、つまり、子どもに適した環境はどんどん少なくなり、今日、大人はますます力を増して子どもを支配するようになりました。

盲目で利己的な大人を正すための、新たな道徳的な改良はされた試しがありません。子どもにとって非常に不利に変化するこの状況を正しく理解し、子どもの知性に光を当てたことがないからです。古くからの表面的な考えである画一的に進む人間の人格の生い立ちは変わらず、子どもを社会の望むような形に仕立て上げていくことが大人の義務だとする、間違った思い込みが主張され続けています。この誤解は遥か昔から受け継がれてきていて、最もお互いを愛し合うはずだった人間同士の間に、最初の戦争を引き起こしています。それが親と子、教師と生徒の間の戦争です。

この問題を解く鍵は、人格は一つではないという事実に光を当てることです。単一ではなく、子どもには子どもの、大人には大人の二つの形があり、その二つは異なる目標を持っているということです。子どもの中に大人と同じような、大人が小さくなっただけというような特徴は見られないのです。子どもは独自の特徴を兼ね備えていて、その生命はそれ自体に目的を備えています。この目的は「インカネーション[*22]（受肉化）」という言葉で表現できます。つまり、身体の成長と共に、子どもの中にその人格が宿っていくことをはっきりと理解しなくてはなりません。

環境を便利に造り変えるために熱心に働き、社会的な役割を担う大人の特徴や生活リズムと、子どものそれとは全く異なります。生まれる前の子どもを考えるとわかりやすいでしょう。

母親の子宮の中で、生命の胎芽はたった一つの目的しか持っていません。それは新生児として成長し、この世に誕生することです。こうして、子どもは人生最初の時期の目的を果たします。

健康な母親の胎内で、これまでにない十分な栄養を与えられて生まれてくる現代の子どもの生命力は、昔よりも強くなっているのではないでしょうか。母親はといえば、健康でありさえすればこれといって何をするわけでもなく、ただ彼女の胎内で新しい生命が成長するのを見守るだけです。

しかし、人間の妊娠期間は、この短い出生前の期間にだけ限られてはいませ

＊22　インカネーション（受肉化）
受肉化＝incarnationは、もともとキリスト教の用語だったが、モンテッソーリ博士は教育的概念の用語としても使っている。子どもが何度も何度もある活動を繰り返し、概念が深く浸透し、その活動を完全に身につけ、それを自己構築の材料として使う工程を〝受肉化する〟といっている。

ん。妊娠にはもう一つの形態があります。

それは子どもが生まれた後、子ども自身によって外界で成し遂げられることで、子どもの内にある精神の小さな芽が身体に宿り受肉することです。ただし、それは密かに無意識のうちに行われていきます。この精神の受肉の過程を守るには、きめ細やかな配慮をもってその成長を促す必要があります。その精神は次第に意識として現れ、やがて外側の世界において習得した知識を通じて完成されます。精神の受肉化は、自然の本性に導かれて、一人一人の子どもによって正確に実行されていきます。そして子どもは、征服的で好戦的な大人の価値観とは無関係に、独自の成長のリズムに従うのです。

この精神の受肉化と精神的胎芽は、大人が社会で仕事に参加する時期とまったく異なるという考えは、特別に新しいものではありません。それどころか、この考えはある儀式のように私たちの人生を通してついてまわるものですし、何世紀もの間、真実の言葉として宣べ伝えられてきたことでもあります。キリスト教の慣わしにさえ表現されているのですから。

人々が一年の中で必ず祝うクリスマスとイースターの祝祭がそれです。彼らはこれらの祝祭を心に憶え、普段の活動を一旦休止して祝祭を守ってきました。多くのクリスチャンは信仰を持ってその時期を過ごします。昔から行われてきたこの二つの祝祭によって、私たちは何を記念するのでしょうか。ある一つのことがはっきりと思い起こされます。

イエスの物語では、幼子イエスの精神的受肉の時期は思春期まで続きました。というのは、イエス[*23]が一三歳の頃、自分の両親に向かって「お父さん、お母さん、なぜあなた方は私を探すのですか。私のやるべきことは、あなた方のやるべきこととは違うことをご存知ないのですか。」と言う場面があります。

この時期のイエスの言動は賢い大人から得た知識からのものではなく、反対に、大人たちを驚嘆させ、困惑させるものでした。イエスが両親に従い、父の仕事を学び、使命を果たすべく遣わされた人間の社会へと適応し、隠れた生活を始めたのは後になってからのことです。

子どもの生命が独立したものであるにも関わらず、その特性や目的が認められない時、またその特性や目的が本来とは異なった見方で大人に解釈される時、そこには直ちに修正しなくてはならない、くい違いが生じます。そして、人類にとって致命的な闘争が強者と弱者の間で起こるのです。魂が健やかか、病んでいるか、強い性格になるか弱い性格になるか、明晰な知性か否かは、他でもない子どもの頃の十分で穏やかな精神的生活にかかっているからです。もし人生

＊23 イエス

聖書のルカ福音書の二章四一節から五二節に記されている少年イエスのエピソードからの引用とみられる。いなくなったイエスを両親が必死に探して、見つかった時、イエスが両親に向かって言った言葉。

の中で二度とは来ない幼少期の繊細で大事な時に、自然を無視した形での隷属を子どもたちに強いたなら、人が果たせるであろう素晴らしい物事を成功裡に達成することはもはや不可能となるでしょう。それは聖書の物語のバベル[*24]の塔が象徴していることです。

7　新しい教育の必要性

さて、大人と子どもの間に生じる葛藤は、家庭内においても学校においても、未だに古い名で呼ばれる「教育」の中に見られます。しかし、子どもがその人格の本質的価値を正しく理解され、正しく伸ばせる場所を与えられたときに、私たちの学校のように子どもが自身の精神の成長に適した環境を自分のために創る時、私たちはまったく新しい子どもの姿を見出しました。その驚くべき素晴らしい子どもの特徴は、これまでに子どもはそうだとされてきたものとは正反対のものでした。

ですから、私たちは自信を持って断言していいでしょう。教育を新しくすることによって、新たな種属であるかのように優れた特徴をもつ、より良いタイプの、ニーチェ[*25]が発想した〝超人〟のような人間を創り出すことができるので

＊24　バベルの塔
旧約聖書の「創世記」十一章に記されている巨大な塔。人類が天に達するほどの高塔を建てようとしたが、それに怒った神が人間の言葉を乱し、互いに通じないようにした。そのため人々は塔の建設を止め、散りじりになった。傲慢に対する戒めや、実現不可能な計画の意。

＊25　フリードリヒ・ヴィルヘルム・ニーチェ（Friedrich Wilhelm Nietzsche：一八四四年－一九〇〇年）
ドイツの哲学者、古典文献学者。実存主義者。著書『ツァラトゥストラはかく語りき』で、超人とは人間がその可能的極限にまで到達した存在と語り、人間の理想的典型、キリスト教的神に代わって人類を支配するものとしている。

す。

教育は特定の文化やグループの習慣や信条にとどまることなく、戦争と平和の間に存在する葛藤において役割を果たさなければなりません。何よりもまず、子どもは秩序や自分の仕事に対して情熱的な愛を持っていること、一般的に考えられているよりもはるかに高い知的性質を備えていることに注目する必要があります。

一般になされている教育の元では、自分を支配する大人の判断に適応するために、子どもは殻に引きこもってしまうだけではなく、自分の力を隠してしまうことは明らかな事実です。そして子どもは残酷な仕事を課せられることになります。それはまず、本当の自分を隠し、そして忘れ、欲求を募らせながらも沢山の可能性を意識の下に葬らなければなりません。そしてこの隠された重荷を負うことで、子どもは誤りで充満する世界の困難に直面するのです。

教育を、教える内容の如何ではなく、戦争と平和という視点から考察するとき、真の問題が現れてきます。子どもたちに戦争のことを話そうと話すまいと、歴史を都合のいいように脚色してもしなくても、人類の運命は変わりません。残念ながら、古い教育は、強者と弱者の間の先の見えない闘争に過ぎず、無能で、弱く、奴隷のように自由を奪われた、成長を阻害された人間しかつくり出せないのです。

一人ひとりの子どもがそれぞれの内に備える自然の特性は、一般的に信じられているものとは異なる特徴を有することは、四半世紀続けられた私たちの実践によって、はっきりと示されてきました。そしてそれは、多数の文明国家においてのみならず、ネイティブ・アメリカンやアフリカの先住民、タイやインドネシア、ジャワ、ラップランド地方に住む少数民族の人々の間でも実践されてきました。

この実践が始まった時、近年の教育の発展の流れも受けて、驚くべき結果をもたらす新しい教育方法として大きな話題になりました。そして間もなく、この教育によって明らかにされた子どもたちの変化の全貌とその重要性が認識され、イギリスでは『新しい子どもたち』という本が登場しました。驚くべき新発見は、新しい種類の人類の発見であり、高い次元の人間の出現という嬉しい事実でした。人間の本性を向上させることは不可能ではなかったのです。適切な環境を整えることによって、確かにそれは可能になります。もし私たちの魂が健全で十分な発達をするよう望むのなら、これまでの成長の過程で強いられた逸脱を、正常な状態に置き換えなければなりません。

精神的な観点から健康的と言える人は今日においてほとんどいませんし、実際、ほとんど聞いたことがありません。衛生的な生活について知るまで、身体の健康な人がほとんどいなかったのと同じです。衛生的な知識が、失われていた健康への道を人々に示しました。

しかし、倫理においては、人間は未だ毒を喜びながら摂取し、その野望は魂に死の危険が迫るところへ行こうとしています。

しばしば人間は受け継いだ悪徳や、教育によって変質させられた悪徳を偽り、それらを美徳や義務、名誉といった装いで隠しています。子どもの頃に満たされることのなかった欲求は、大人になった時に禍根を残し、知性の発達を妨げたり、道徳的な欠陥、弱い性格で気移りしやすいなど無数の心理的欠陥となって現れます。一人で行動することや、自分で自分の行動を決めること、また、自分の意志を持つことを学んでこなかった子どもは、他人に流されやすく、常に誰かに寄りかからなければ立っていられない大人へと成長するのです。

学校の生徒は、絶えずとがめられ叱られ続けた結果、自分の力に対する不信感と、羞恥心とも呼ばれる恐れの混じった感情を身につけることになります。

　こうして大人になると、自信ややる気を失った服従するだけの人、道徳的な抵抗を少しも企てることのできない人になってしまいます。家庭でも学校でも当然のように、子どもは大人の言うことを聞くものだとされていますが、それには正当な理由も正義もありません。こうして目に見えない力に対して従順な人間をつくっていきます。罰は、学校では頻繁に行われますが、犯人を公の場で叱責し、さらし台にあげて苦痛を与えます。すると人間の心理は、公の意見に対して、それがたとえ単なる一つの意見にすぎず、明らかに不正義で間違っていたとしても、説明のつかない、理由なき恐怖で溢れるようになります。

　このような状況に適応する中で、また永久的劣等感をつくりあげる様々な要因の中で、偶像崇拝ならぬ、指導者（古いイタリア語で condottiere：軍隊の指揮官や大衆の指導者の意）に対して献身的にその身を捧げる魂が生み出されていきます。指導者とは、抑圧されている人の父であり、教師であり、つまり、完全で絶対的な正しい存在として子どもに圧力をかける人物です。したがって、しつけや規律は奴隷になることとほとんど同じ意味でしかありません。

子どもは、自己の潜在的な生命の衝動が強く探し求めていたであろう倫理の生き方に挑戦することも、自分にとって新しい世界に歩むこともできずにきました。自分の創造的エネルギーを試すことも許されたことがありません。その代わりに、子どもの内に定められたのは、ある確かで変化することのない「しつけ」という社会の規律でした。

子どもは公正な道を見つけようとしますが、さまよい途方にくれてしまいます。そしてついには、自分よりも抑圧されて惨めな仲間を助けようと愛の手を差しのべると罰を受けてしまいます。ところが、大人のスパイとなって告げ口をする者に変わると、その子どもは認められ褒美を授けられます。公にも良しとされ、見返りのある一番の徳は、常に競争において学校の仲間に勝つことと、試験で良い結果を得て、一年また一年と、次々にやってくる単調な苦役をやり過ごすことです。

このように育った人たちは、戦って勝利することも、真理を見つけてそれを自分のものにすることも、人々を愛してより良い生活のために彼らと共に努力することもできないようされてしまいました。その教育が子どもたちに備えたのは、実際の集団生活の中でのエピソード、つまり戦争です。実際、戦争を起こさせる要因は軍備や兵器にではなく、それらを利用する人間の中にあるのです。

もし、一人の人間が人格の確立と明晰な頭脳を十分に持ち合わせ、それを謳歌する健やかな魂を携えて大人になったならば、その人の内に、矛盾した道徳的原則が同時に存在することを許せるはずがありません。

また、生命を守っていく正義と、生命を破壊していく正義という二通りの価値観を保つことにも耐えられません。心に愛と憎しみを両方育てることを許しはしないはずです。何かを創り出すために人間のエネルギーを集めようとする行いと、建設されたものを破壊するために人間のエネルギーを集めようとする行いと、異なる二つの行いを黙認できるはずがありません。

別の言葉で言い換えますと、確立された人格を持つ強い人間は、異なる二つの良心を持つことには耐えられず、ましてや、相入れない二つの目的に向かって行動するなどということはできないはずです。

ところが、現に私たちが見ている人間の性格は全く違ったものです。なぜかといえば、人々は受け身な状態で、枯葉のようにあちらこちらへ吹き飛ばされるのを受け入れているからです。

今日の戦争は敵への憎しみから生まれるのではありません。国の戦う相手はころころ変わり、今日敵だった人々が明日は友人になるというような現実を知る私たちの誰がそのようなことを正当化するでしょうか。確かに白人は、まったく誇り高き文明人ですが、お金を払われればどんな敵だろうと何も考えずに戦うような、昔の軍隊でいえば金で雇われた傭兵のような思考状態になってしまいました。

物事は昔も今も相変わらずで、人々はそうするように命じられたという、たったそれだけの理由で、自らの努力と財産を無駄に費やし、自分たちのつくり上げたものを壊し、食べるものさえなくなるリスクへと身を投じていくのです。

古代のエジプト人は、文明の行為と戦争の行為についての見極め方を知っていました。彼らは戦うためにはフェニキア軍を徴兵し、エジプト人が土地を耕して文明のため働けるよう守っていました。しかし、誇り高き文明人である私たちはその二つを混同しています。

私たちより優れた新しい人類は、社会問題の複雑さに向き合い、日ごとに対処せねばならない難問に診断を下して、その知性を使い、また祖先によって積み重ねられてきた文明の成果を使って、戦争の猛威を終わらせる手段を見つけることでしょう。

私たちは今日兼ね備えている知性を、何のために使えば良いのでしょうか。何の目的のために私たちは先祖の知恵を受け継いで、これほど多くの知識を持っているのでしょうか。戦争は新しい精神を持つ人類にとっては、まったく問題にはならなくなるでしょう。新しい人類は戦争を単なる野蛮な状態、文明とは真逆の、馬鹿げた不可解な現象としかみなさないでしょう。

現在の戦争は、人間の精神を黒く染める道徳的な誤りに付随する永遠の懲罰である以外、何の意味も持ちません。戦争を克服するためには、誠実で光に照らされた呼びかけの声でよいのです。

ヨナ[*26]のように「汝ら心を入れ替え、悔い改めよ。さもなければニネベは滅ぼされるだろう」と叫べばよいのです。

＊26　ヨナ
旧約聖書「ヨナ書」に登場する預言者。海に投げ込まれ、三日三晩魚の腹の中に飲み込まれた後にニネベに遣わされ、神の言葉をニネベの人に伝えた。ニネベの人々はその言葉を聞き入れたので、滅びることから逃れることができた。

8　環境による無限の可能性～二次元から三次元へ～

子どもにでもわかるほど簡単な言い方をしますと、世界に平和を築くために必要なことはたった二つです。先ず新しいより良い人類、そして、限りなく広がる人間の願望に、もはや制限を与えることのない環境です。

富はどこかの国に集中するべきではなく、すべての人に平等に地域化する必要があります。自分の造った道を他国の人々が行き交うことや、使おうと思えば自国の地面に眠る宝を他国の人々も使えるように世界の国々がなるにはどうしたらよいのでしょう。もしも人類全体が一つの兄弟姉妹になったとしたら、すべての障害は取り除かれて、人々は地球上のどこにいても、まるで裏庭で遊んでいる子どもたちのようになるはずです。人々が発する小さな声は、世界中に聞こえるようになるはずです。喜んでいるのか、呼んでいるのか、警告しているのか、助けを求めているのか、それとも慰めを求めているのか、その抑揚が伝わるはずです。法律や条約だけでは十分でないと私は強く思っています。私たちに必要なのは奇跡に満ちた世界です。幼な子が仕事と自立を求め、熱意と愛を豊かに体現したことが奇跡的に思われたように、それは実現可能なものです。新しい人類のための新しい世界、これが今、私たちに何よりも必要です。

もしもこれが非現実的なユートピアであるならば、深い割れ目の際に立ち、その底で破滅が人類を待ち構えていることに気づいている今、口にするのでさえ神への冒涜となるでしょう。しかし、少し前になりますが、今世紀初めに私たちの世界に現れた、奇跡のような新しい生命の閃きは、かつて考えられなかったユートピア[27]ではないでしょうか。

人類は空を飛べるようになった。これは事実ではありませんか。考えてみれば、地上の障害物はもはや土地と土地とを隔てるものではなくなり、人間は道を造らなくても、他人の土地を通り抜けなくても空中で世界中を行き来できるようになりました。

また、人間が重力を克服できたなら、旅が速くなることで富を生み出し、そして成層圏にたどりついたら、そこは誰の所有になるのでしょうか。重力に対する権利や、大気圏を越えた空の権利を所有するのは誰でしょうか。

不思議なコミュニケーションの媒体である電波は長い波や短い波で、目に見えないにもかかわらず、すべての人の声や考えを、即座に運びます。これはペ

＊27　ユートピア
モンテッソーリはサン・ロレンツォのスラムで一九〇七年に始まった「子どもの家」での奇跡のような子どもたちのことをいっている。

ンやインク、新聞も使わない完全なる非物質的な方法によるコミュニケーションです。では、その電波はどこにあるのでしょうか。誰に属していますか。その電波を使い果たすことができる人はいるのでしょうか。

太陽エネルギーは、形を変えて、ついにはパン以上に実際の糧となり、人間の住居に必要な熱となります。自分たちが太陽エネルギーの所有者だと、どの国が宣言するでしょうか。

これらに限りはありません。人間が宇宙へと広がる限りない空の領域に向かうとき、人が手に入れる新たな富は特定の地域に集中することはなく、どこに居ても手に入れられるのです。

このような時代に、人間の間に起こる争いの意味とはどのようなものでしょうか。人間はかつていわゆる物質的な、目に見える事象のために戦いました。しかし、それらの根源の発見に至った今、人間は物質の出所やその力について、そして、その限られた効果や神秘的で無限の元を自由に操れるようになりました。まるで神のように、人間はそれらをつかみ取り、社会生活の革命を成し遂げてきたのです。

予期しなかった素晴らしい進歩によって、人間の克服した領域は大地よりも高い次元になってしまいました。地球の表面はかつて二次元による人類の活動の場になっていましたが、今日においては三次元による活動となり、二次元の世界に住む人類の歴史は終わりを迎えます。

何千年もの時代が終わりに近づいています。歴史の始まりまで逆のぼり、それからさらに言い伝えの時代、そのまたさらに前の、地面の奥深くに埋められたまま残されているわずかな痕跡だけの時代まで。人類の起源とともに始まり、計り知れない長い時間をかけて徐々に明らかにされてきた膨大な歴史の章は終わります。

今まで人間は額から汗を流してせっせと働かなければなりませんでした。重労働の刑罰を受けたかのように、自分自身を奴隷のように卑しめなければなりませんでした。高尚な本性を内に秘めているにもかかわらず、人間はいつまでたっても地にへばりついたままでした。人間は、愛の賜物でありながら、物質的な物と物の交換による足かせで縛られざるを得なかったのです。

しかし今、その人間は、生まれ変わり、星の世界や可能な限りの高みに上ることができるようになりました。人間は新しい存在として自分自身を宇宙に授けることができるからです。新しい存在とは子どもですが、新しい子どもです。その子どもは新しい人間であり、二次元を超えて三次元の世界へ入って行きます。無限の克服を運命づけられた人です。この無限の克服は、とてつもなく重要な仕事であり、すべての人の協力が必要です。ただし、すべての人を繋ぐ結合剤は、愛より他ありません。

9　未来のヴィジョンをもって目覚める時

これは、今日私たちが見ている事実に即した未来です。二次元の世界に住む最後の人類である私たちは、この未来への理解を高めるために多くの努力を費やさなければなりません。私たちは危機の時代におり、終わりに近づいている古い世界と、すでに始まっている三次元に広がった新しい世界の間に挟まれています。私たちが証人として見ているこの危機は、単なる一つの時代から別の時代へ移り代わるものではなく、実に、生物学的、地質学的な新しい時代の幕開けになぞらえるものです。そして新しい人類が現れる時であり、それは未だかってこの地球に存在したことがなかった、より進化し、より完成に近づいた人類であることが分かります。このような人類はかつて現れたことはありませんでした。

もしこの状況を私たちが見失ったら、世界は滅びると言われていた起源一〇〇〇年の予言は再び蘇り、私たちは世界中で起こる大惨事に巻き込まれていくことになるでしょう。もしも光り輝く恒星の力がそれについて何も知らない二次元に生きる人間によって盲目的に使われるならば、破壊や生命の奪い合いはすぐさま実行されることでしょう。なぜなら、人間が手にする力は今や無限にあり、誰にでも、いつでも、そしてどこからでも手にすることができるからです。

疫病の秘密を握っていて無限に培養し増やすことができる人が、元々は疫病を止めるために持っていた素晴らしいもの、目に見えない病原体を、恐ろしい疫病で世界に害を与えようと使ったならば、その人の試みは簡単に成功するでしょう。これからの時代、どこへ行くにも、地の果てへ向かおうとも、人の行く手を妨げるものはありません。空を飛べる今、山も砂漠も海も、人間を止めることはできないのです。

では私たちは何をしたら良いのでしょうか。

地球が人類を飲み込もうとしているときに、地上で眠っているその人を起床ラッパで起こしてあげる人はいないのでしょうか。私たちの周りでは進化への現象は進んでいます。自発的に築かれていく新しい世界のために人類は準備しなければなりません。私たちは、新しい世界で生きるために、来るべき新たな生き方への意識を人類に起こしていかなければならないのです。

同時に、私たちはこの新しい世界のすべての要素を集め、それらを平和の科学へと組織していかなければなりません。

国際連盟[*28]や平和を促進する活動団体・組織は、人類の新たな方向を示すその中核となろうではありませんか。

＊28 **国際連盟(League of Nations)** 第一次世界大戦後一九二〇年にアメリカ大統領ウィルソン首相により設立された。世界平和の確保と、国際協力の促進を目的とする国際組織。本部はこの講演の場所でもあるスイスのジュネーブにあったが、現在は一九四五年に発足した国際連合(United Nations)があり、本部所在地はニューヨーク。

訳者解説

マリア・モンテッソーリは一九三二年にこの第一章「平和と教育」を講演してからほぼ十年後の一九四一年に、次の第二章「モンテッソーリが訴える永遠の問題」を発表している。この間に世界は激しく変わり、二つの大きな戦争を繰り返した。まずスペイン内戦（一九三六年から一九三九年）、そして第二次世界大戦（一九三九年から一九四五年）である。モンテッソーリ自身も六六歳でスペイン戦争を体験し、戦禍を逃れて家族と共にオランダや、また三年後の第二次世界大戦勃発時には、息子マリオと共にまったく未知の世界、アジア大陸のインドへと向かった激動の十年であった。

それまでのモンテッソーリは、教育、そして整えられた環境こそ唯一の平和への道としての講演、執筆が多かったが、次の二章を書く頃には七一歳を迎え、亡くなる八十一歳までの最期の十年間は、まるで平和運動の闘士のように各地で活発に子どもから始まる平和を訴え、社会変革を目指すリーダーとして政治的な発言も繰り返している。モンテッソーリは「人類の進化を担う大切な存在である子どもたち」が社会の輪の外、つまり「忘れられた市民」であることを全身全霊で社会に、そして世界に訴えている様子が伺える。

MEMO

第 2 章

モンテッソーリが訴える永遠の問題

はじめに

今日の世界を改めて見てみると、私たちに畏敬や感嘆の念を抱かせます。これまで科学や技術が成し遂げてきたことを目のあたりにすると、まるで人類には達成できないことは無いように思えます。だってもう人類は月面を歩いているのですから。

人々はこの月面着陸を、私たち人間と他の惑星や宇宙につなげる「最初の一歩だ」と発表しました。

しかし、一方で忘れてはいけないことがあります。

それは人類が未だ達成できていないことに留意することです。先の戦争のあとに[*1]世界人権宣言が国際連合によって布告され、それからは熱心に支援されてきました。

しかし、一方で[*2]子どもの権利宣言はそうではないのです。

[*3]マリオ・M・モンテッソーリ

一九六九年クリスマスの日に

＊1　世界人権宣言
Universal Declaration of Human Rights 世界人権宣言は第二次世界大戦後一九四八年一二月に国連で採択された。九十頁に三十条全文を掲載。

＊2　子どもの権利宣言
Declaration of the rights of the child
一九五九年の国連での採択から十年たってもあまり変化がないことをマリオ氏は憂いている。
翻訳にあたり、Child の訳を原訳の「児童」ではなく「子ども」にし、小学生のみに限定されないよう統一した。さらに、「子供」という表記も「供」から来る家来や従者の意味合いではなく、大人にとってのパートナーであり、平等の存在であるとして「子ども」に統一した。

＊3　マリオ・M・モンテッソーリ
Mario. M. Montessori.　マリア・モンテッソーリ博士の一人息子（一八九八〜一九八二）。

子どもの権利宣言[*4]（一九五九年）

前文[*5]

国際連合加盟国の国民は、国連憲章において、基本的人権と人間の尊厳、そして価値に関する信念を再確認し、さらにいっそう大きな自由の中で社会の進歩や生活水準の向上を促進しようと決意しました。

それによって国際連合は、世界人権宣言の中でどんな人も、人種、皮膚の色、性、言語、宗教、政治的又その他の意見、国籍または社会的出身、財産、出生その他の地位等のどんな種類の差別をも受けることなく、次に掲げるすべての権利と自由があると宣言しました。

ですから子どもは、身体的、精神的に未熟であるため、出産後だけでなく出生前も、適切な法律上の保護を含む、特別な保護や配慮を与えなければなりません。

＊4　一九五九年の「子どもの権利宣言」
Declaration of the Rights of the Child
「子どもの権利宣言」とは「児童の権利に関する宣言」とも呼ばれ、第一次世界大戦で多くの子どもの生命が犠牲になったことへの反省から生まれた子どもの権利を保身する国際文書。
まず、一九二四年にジュネーブの国際連盟で採択された五条からなる「ジュネーブ子どもの権利宣言」と、その三五年後に十条に拡張され、一九五九年に国際連合で採択された本書で紹介する「子どもの権利宣言」がある。一九八九年に「子どもの権利宣言」を法的効力を持つ形にしようと、ポーランドの提起により、国連で「子どもの権利条約」（または「児童の権利に関する条約」）が条約化され、日本は一九九四年に批准した。
本章が最初に発表されたのは一九四一年であるが、モンテッソーリは「子どもの権利条約」を見ずして他界した。

＊5　前文
より良き理解を助けるため原訳

このような特別の保護の必要性は、一九二四年のジュネーブ「子どもの権利宣言」[*6]に述べられており、また、世界人権宣言や児童福祉に関係ある専門機関また国際機関の諸規則の中で認められています。

人類は、子どもに対し、最善のものを与える義務を負っています。

ですから、ここに、国際連合総会は、

子どもが、幸福な子ども時代を送り、また、自分自身や社会の福利のためにこの宣言に掲げる権利と自由を生まれながらにして保証されるよう、この子どもの権利宣言を公布しました。

さらに、親、個人としての男女、民間団体、地方行政機関や政府にも、これらの権利を認め、次の原則に従って、前向きに立法やその他の措置によって、これらの権利が守られるよう努力することを強く求めます。

どおりではなく平坦な日本語に変更した。

＊6　一九二四年の「子どもの権利宣言」　ジュネーブ

① 子どもは、身体的ならびに精神的の両面における正常な発達に必要な諸手段を与えられなければならない。

② 飢えた子どもは食物を与えられなければならない。病気の子どもは看病されなければならない。発達の遅れている児童は援助されなければならない。非行を犯した子どもは更生させられなければならない。孤児および浮浪児は住居を与えられ、かつ、援助されなければならない。

③ 子どもは、危難の際には、最初に救済を受ける者でなければならない。

④ 子どもは、生計を立て得る地位におかれ、かつ、あらゆる形態の搾取から保護されなければならない。

⑤ 子どもは、その才能が人類同胞への奉仕のために捧げられるべきである、という自覚のもとで育成されなければならない。

「子どもの権利宣言」(一九五九年)

第1条

子どもはこの宣言で述べられているすべての権利を与えられています。すべての子どもは例外なく、人種、皮膚の色、性別、言語、宗教、政治上やその他の意見、国籍または社会的出身、財産、自分自身または自分の家族の出生またはその他の地位を理由に、差別を受けることなく、これらの権利を与えられなければなりません。

第2条

子どもは特別な保護を受け、また健全で、正常な方法で、自由で尊厳のある状態で身体的、知的、道徳的、精神的、そして社会的に発達できるよう、法律やその他の手段によって機会や便益を与えられなければなりません。この目的のための法律を制定するにあたって、子どもの最善の利益について、最善の考慮が払われなければなりません。

第３条

子どもは、誕生のときから名前と国籍をもつ権利があります。

第４条[*7]

子どもは社会保障の恩恵を受ける権利があります。子どもは健康に成長し、発達する権利があります。この目的のために、子どもと母親両方に十分な出生前および出生後のケアを含む、特別な世話と保護が提供されなければなりません。子どもは適切な栄養、住居、レクリエーション、医療サービスを受ける権利があります。

第５条

身体的、精神的または社会的に障がいのある子どもは、その子どもが持つ特殊な事情により必要とされる特別な治療、教育、及びケアを与えられなければなりません。

第６条

子どもは、豊かで、調和のとれた人格を形成するために、愛と理解が必要です。子どもは可能な限り親の愛護と責任のもとで育てられ、いかなる場合にも

＊7　第４条
第４条はジュネーブ宣言にはなかった「胎内から始まる乳幼児までの人的および物的環境の重要性」が説かれていて、まさにモンテッソーリ教育でいう〇－三歳対象の乳児アシスタントの必要性が強調されている。

愛情と道徳的、物質的保証のある環境で育てられなければなりません。

子どもは、例外的な状況を除いて、母親から離してはなりません。社会と公的機関は、家族のない子どもや適切な生活維持の手段がない子どもたちに特別なケアを行う義務があります。大家族の中で育つ多人数の子どものため、国やその他の機関による費用負担が望ましいです。

第７条

① 子どもは、教育を受ける権利があります。その教育は、少なくとも初等教育は無償で、義務教育でなければなりません。
子どもは、その一般的教養を高め、機会均等の原則に基づいて、その能力、判断力、そして道徳的かつ社会的責任感を発達させ、社会の有用な一人になりうるような教育を与えられなければなりません。

② 子どもの教育と指導の責任者にとって、子どもの最善の利益や興味、関心[*8]を指導基本指針としなければなりません。その責任は、まず第一に子どもの親にあります。

③ 子どもは、遊びとレクリエーションの機会を十分に与えられなければなりませ

＊8　子どもの最善の利益や興味関心
原文では"best interests"とあり原訳は「利益」のみだが、子どもの興味・関心もカリキュラムを方向づけると考え、原訳にはない部分を追記した。

ません。これは教育と同じような目的に向けられなければなりません。社会や公共団体は、子どもがこの権利を保証されるよう努めなければなりません。

第8条

子どもはどんな状況であっても何より優先して、保護と救済を受けるべき最初の者の中に含まれなければなりません。

第9条

① 子どもは、あらゆる形の放任、虐待のような残虐行為、また搾取から保護されなければなりません。いかなる形態であれ、売買の対象にされてはなりません。

② 子どもは適切な最低年齢より前に雇用されてはなりません。子どもはどんな場合においても、健康や教育を害する職業や雇用に従事させられたり、子どもの身体的、精神的または道徳的発達を妨害する職業に就かされたり、雇(やと)われることを禁じています。

第10条

子どもは、人種、宗教、その他の差別を助長するような風習やならわしから守られなければなりません。

子どもは相互理解や寛容、人々との友愛関係、平和、普遍的な兄弟姉妹間の精神の中で育てられ、子どものエネルギーと才能は、人類への奉仕のために捧げられるという意識が十分ある環境で育てられなければなりません。

「子どもの権利宣言」の広報

国際連合総会は「子どもの権利宣言」が、子どもの保護者、個人としての男女、市民団体、地方自治体、各国政府に対し、宣言に記載された子どもの権利を認識し、それを忠実に守ることを念頭において、次のことを要請します。

1 国連加盟国の政府や専門機関、適切な民間団体に対し、この宣言の文章を可能な限り、広く公表するよう強く求めます。

2 国連の事務総長に対し、この宣言を広く普及させ、その目的のために可能なかぎり多種多様の言語で文書を出版し、配布のためのあらゆる手段を使用するよう要請します。

＊＊＊

マリオ氏によるコメント

「子どもの権利宣言」[＊9]は、何年も前に文書化されましたが、一九五九年一一月二〇日に国連によって正式に受諾されました。これが本当に実践される日が来ることを願いましょう。

これらの権利を保障することが人類に普遍的な団結をもたらし、これは夢の更なる夢の実現に必要な最初の一歩です。

モンテッソーリ博士は、ある問題の解決策が見えてくると常に、その本質に向かった人ですが、今回もある実践的な第一歩を踏みだしました。

それは「子どものための政党」の設立です。これはリサーチセンターであり、

＊9　「子どもの権利宣言」　一九二四年のジュネーブの「子ども権利宣言」のこと。

子どもの研究センターでもありました。しかし戦争の到来とともに、政党員は散在しバラバラになり、オランダのラーレンにあったモンテッソーリ博士の研究センターもドイツ軍によって占領[10]されてしまいました。

つまり、モンテッソーリ博士の努力の成果は、また夢の段階に戻ってしまいました。

しかしアディヤール[11]の神智学会の敷地内での抑留にもかかわらず、モンテッソーリ博士の奮闘は続きました。

一九四一年五月、彼女は神智学者のために"A Step towards the Future"(未邦訳:「未来への一歩」)という本を書きました。ここに記事のコピーと、「子どものための政党」の目的が書いてあります。

＊10 ドイツ軍によって占領
一九三三年から一九三四年にかけて多くのモンテッソーリスクールがヒットラーや、ムッソリーニによって閉鎖された。

＊11 アディヤール
モンテッソーリ博士がいた南インド・チェンナイ地域(元マドラス)の町の名。現在は神智学協会の本部がある。

「子ども[*12]のための政党」の目的

私たちは子どもが生きる権利を保障されるだけでなく、国民のひとりとして認識されることを主張します。

マリア・モンテッソーリ[*13]

ひとりの市民として子どもは、その存在価値を認められ、人類を作る人（Builder of Man）として尊重されなければなりません。子どもの人格は重要で、人類が持つべき数ある道徳的資質の一つに捧げてもよいほど大切なものです。なぜなら我々は身体の構造だけでなく、その道徳的特徴も、子どもにたよっているからです。したがってある原因とその影響結果が関連し合うように、未来社会も子どもと無条件につながっているのです。

＊12　子どものための政党
原文は"The social party of the child"であるが、あえて「社会党」とせず「子どものための政党」とした。AMIの事務局からも「社会運動としてとらえるように」と提案された。

＊13　マリア・モンテッソーリ
この文章の原案はマリア・モンテッソーリによって書かれたが、彼女の法的顧問であったエジプト人のモハメド・リアド・ベイ氏Mohamed Raid Bey（国家間を超える諸問題の専門家）によって完成された。

社会にとって子ども時代がどれほど重要かを述べるにあたり、私たちは法律によってまた社会組織を方向付ける制度によって、子どもが他の市民と同等の権利を保証されることを主張します。

「子どものための政党」を次の目的で設立したいと思います。

1 憲法上の権限が機能していればどこでも可能なかぎり、子どもの利益及び興味や関心を代表するために形成された、権威ある機関を設置すること。

具体的には：

A すべての法律上の議論において、子ども及び青少年の権利を代表するよう権限を与えられた専門議員を国会で選出する。

B 内閣の中に特別な「子ども省」を設立する。これは国の市民としての子どもの権利を具現化するために必要な緊急事項を遂行し、子どもたちの生命や発達を保証するためにすでに取られた現行のすべての条項や対策を検証し、調整する機関。

Ⅱ　すべての法改革やあらゆる公益上の決定において、子どもの権利が考慮されるようにし、さらなる社会進歩と同時に、子どもの生活の向上も同調できるようにする。

Ⅲ　教育省[*14]は、学校および学習プログラムの組織化に関するすべての問題において、子どもにとって不可欠な重要性を擁護する「子ども省」や専門議員の決定に従って行動すること。

Ⅳ　子どもや若者の義務教育は、人間保護を基礎にし、身体的、精神的発達の過程で、子どもの必要不可欠で、自然な欲求を考慮に入れなければならない。したがって、教育プログラムや、教育形態の実践面、知的面、社会教育面は、人間発達の自然な緊急性に応じて考えられ、社会形成に不可欠な個々の文化に対応するように考案されなければならない。

Ⅴ　子どもたちの身体的、精神的な福祉に必要なケアは、義務教育内容の不可欠な部分をなす。

Ⅵ　次世代の子どもの身体的および精神的ケアに対する特別な指導は、結婚を

＊14　教育省
The Ministry of Education・日本では文部科学省。

希望する者の法的義務とすること。これらの研修の受講証明書は、婚姻の祝賀に必要な書類の一つとする。

Ⅶ 結婚を祝う式典では、夫婦となる二人が互いに読む配偶者への義務の他に、親としての子どもへの義務も読み上げられること。

Ⅷ 国は子どもの誠実な保護者であるべきで、もし家庭での子どもへの養育が不十分または不適切な場合は、法的権限で国が介入できることを前提とする。

Ⅸ 人々の間に平和を構築することを目指す、すべての社会運動において、子どもに関する質問が代表され、考慮されること。

Ⅹ 子どもたちは国、または人類の国家とみなされるべきで、彼らの人口は最も多く、その存在は最優先されるべきで、その権限は他のどの国の権威よりも重要である。子どもたちはすべての国の一部を形成し、生命と存在という最も神聖な関心を代表する。したがって、平和な社会を組織することを目的とした国際連合[*15]が結成されると、子どもの国も合法的に代表される

***15　国際連合**

一九二〇年一月二〇日に正式に発足した国際機関。国際連盟（一九四五年発足）の前身。

であろう。

未来への一歩[*16]

1．子どものための政党

マリア・モンテッソーリ
医学博士・文学博士
――E．P．[*17]――

はじめに：

このモンテッソーリ博士の文章は偉大な教育哲学者の夢をあらわし、子どもにとって他のどんなことよりも最優先されるべき根本的な考え方が示されています。それはアルンデール博士[*18]の訴える青少年省と同様、すべての国に「子ども省」を作るという構想です。

モンテッソーリ博士は、ここでなぜ子どもに対して新しい理解と価値が必

＊16　未来への一歩
これは一九四一年五月、マリア・モンテッソーリが神智学関連誌“The Theosophist”の一〇五～一一一ページに書いたもので、六章からなる。Communications（国際モンテッソーリ協会：AMIの学術誌）の一九六九年の三／四号に掲載された。

＊17　E．P．
「E．P．」が誰であるか確認はとれないがおそらく、この頃の神智学会のメンバーの一人であったのではないかとAMI（国際モンテッソーリ協会）の推測による。

＊18　アルンデール博士
ジョージ・アルンデール（英国一八七八年～一九四五年、元インドの神智学会会長）。

要かの理由、そして教育メソッドだけでは達成できない背景を、あまり詳細を述べずに説明しています。さらに彼女は言います。

子どもの持つ真の精神的価値の認識は、世論によってもっと高められる必要があり、これは国家当局、すなわち「子ども省」によって支えられなければならないと。

この目的のために、一九三七年のコペンハーゲン神智学の会議後、そして彼女自身のモンテッソーリ国際会議の後、博士は子どものための政党をコペンハーゲンで設立しました。以下はこの政党の真意が語られています。

＊＊＊

数日前のインドの日刊紙に、デンマークが子どものための政党を進めている様子と、それが他のヨーロッパ諸国やアメリカにどのように広がったかについての記事が掲載されていました。

この党は、リサーチセンターや子ども研究所も同時に設立することに成功しました。子どものための政党は、社会的および科学的なビジョンと共に、子どもの権利を守るために、その中心的な行動拠点、つまり、子どもの権利をさらに促進させる「子ども省」を設立するという核心的な計画を進めてきたのです。

これらは子どもへの援助方法を刷新し、まったく新しい基準を提供しました。なぜなら「子ども省」は、社会福祉活動に人生をかける心優しい人々がする職務以上の仕事をします。つまり人権です。子どもたちの権利に関して、世論だけでなく、国家の法律の両面でも、認識されるようにすることが職務です。

子どもの存在と、子どもにとって不可欠な必須要件がきちんと政治の世界に反映されるようにするには、まず子どもが、ひとりの市民として認められ、その子どもの本質的ニーズも共に法的に弁護されなければなりません。

最近、女性のためにこれと似たような動きがありました。この子ども時代を支持する社会運動は、さらなる文明促進へのステップです。少なくともこれは確実に未来への一歩となるでしょう。

2．子どもの世紀

私たちが生きるこの世紀は、まさに破壊の世紀のようですが、「子どもの世紀」とも呼ばれています。なぜなら、子どもが突然、教養ある人類が持つ良心の前に現れ、過去にはあり得なかったような多くの援助、多くの慈善的、教育的関心が向けられているからです。確かに今世紀の特別な特徴は、子どもに関する発見であるといえるでしょう。

医学者、心理学者、教育者、社会学者の興味は、子ども時代に集中しています。子どもの人格が明らかにされ、子どものニーズも分かり、その重要性も強調され、大人の性格の構築に確実に影響を及ぼす子どもの存在も、十分に研究され実証されてきました。

文化の分野でも、子どもはもはや無関心な存在ではなく、母親や教師が訂正しなければならない欠点だらけであるとか、まるで空っぽの貝殻で、中身を流し込まねばならない存在とは、もう考えられていません。

子どもは生まれつき自分自身の個性があり、明確な成長の法則に従う創造力が与えられていることは科学的に認められています。

それゆえに、子どもが保護されなければならないことは、社会における強い関心事です。しかしこの保護は、決して子どもをか弱い、無力な生き物としてではなく、力強い、人間を作る上で不可欠な建造者としてみなされるべきです。

子どもには大きな使命があります。大人の仕事より本質的で（特有の意味ではなく一般的な意味で）、外的環境に取り組む大人の仕事よりもはるかに重要で、少なくとも根本的です。なぜなら子どもは人類を作り出す労働者であり、生産者だからです。

知性の正常化を着実に進ませたのは子どもです。身体の健康、その美しさ、そして大人の中に見い出せるか、見い出せないかもしれない人格の統合は、すべて子どもが寄与しているのです。それなのに、どうして子どもはひとりの市民としても、また普遍的な社会福祉の貢献者としても、見なされないのでしょうか。

3．問題を理解する

大人の中に見られる欠点や弱点、また、大人が構築した社会に見られる欠点や弱点の原因は、正当に扱われず、正しく評価されずに育った子ども時代の生活に深く根ざしています。

したがって、現代の文化のレベルでは、成熟した人間の観点から、すなわち大人の視点だけから見るのでは、もはやその問題を解決することができません。人々が自由と独立の必要性を宣言するとき、自分たちが子ども時代ずっと奴隷であったことを忘れてはなりません。

奴隷によってつくられた人格は欠陥だらけで、間違った概念で埋められていることを常に心に留めておかなければなりません。これこそ、彼らの向かう道に立ちふさがる最大の障害物であることを認識しなければなりません。

古代ローマ人の自由、つまり大人になってから雇用主によって解放された奴隷は、劣等感という汚名が消え去らず、決して真の自由な人間とはみなされませんでした。

同じように、今日の社会に平和を希望するなら、まず社会は大人と子ども間の闘争で始まり、それが無意識のうちにすべての人間のエネルギーに悲惨な結果を残していることを認識しなければなりません。

お互いを理解していない大人の間に調和をもたらそうとする人は、まず大人と子どもの間に、最も致命的な誤解が生命の根源からあったことを認識しなければなりません。

子どもを創造的な力として理解し、子どもが私たち大人と心理的に異なること、子どもの必要不可欠なものは大人のそれとは違うことを認識すること、これがすべての人間の向上心の第一歩であり、より志の高い社会生活を送る準備となります。

したがって、今世紀にもたらされた子どもの知識の進歩は、社会の防衛のためだけでも、論理的に新しい概念を構築しなければなりません。

もし進化のペースを早め、さらによく組織化された社会を再構築して意識的な貢献をしたいなら、組織の中で扱う対象を子ども時代にまでさかのぼらなければなりません。

大人の生命と発達過中にある人間の生命は、科学によってまったく異なる二つの生命体であると明らかになりました。この認識と、この二つの生命体が本質的に異なる行動をとるという事実が分かれば、次のことが明確になるでしょう。

自己自身を創り上げている人間と、すでに成長して行動している人間という二つの生命があり、文明には二つの異なる道、そして二つの異なる活動形態がなければならないということです。

一つは大人の生命のため、もう一つは若者や子どもの生命のための二つの世界が必要だということです。

4．自然界のたとえ

人類は、何世紀にもわたって存在してきましたが、常に大人を考慮してきたため、文明は必然的に一方的に構築されてきました。その結果、不完全で不明瞭な問題を伴い、根本的な解決策の要素が欠けているため、これまで実際には解決できなかったのです。

それは、まるで自然界が個の保存の本能にのみに基づいていて、本質的なもう一つの大きな本能、すなわち「種」の保全に関係するのを忘れていたかのようです。

現代の生物学者は、生命体が成人の存在だけのために戦っているのではないことをよく知っています。生存は、子孫の継承にかかっています。

もし、ある生命が勢力や保護の中で成長しても、未だ自分自身を作り上げていなければ、幼い生命は、どうやって戦うことができるのでしょう？

それらの小さなもの、それは本能の力が及ばなかったせいかもしれませんが彼らは全員、死ぬでしょう。

事実、「種」の保存は、その多様な本能に起源があり、「種」を守り、維持するために特別にあしらえた環境が必要です。ファーブル[*19]はこれを集合的に「普遍的な母性本能」と呼んでいます。

＊19　ファーブル
フランスの科学者。Jean Henri Fabre（一八二三－一九一五）。専門は昆虫学。「普遍的な母性本能」(universal instinct of maternity)。

生命の生存のしくみは大変興味深く、単純な防衛機能をはるかに超えています。それは最も感動的で、動物界の持つ最も素晴らしい部分です。ここには愛と犠牲が見られ、弱者を守る働きもあります。

これらの事象は知性のあらわれで、明らかに動物の意識した知性ではありません。どの「種」に属していようとも、防衛本能が成熟した生命を方向づけてくれるように、それ自体を意識している知性ではありません。

ここでもう一つの知性が出現しました。賢さと予知能力を併せ持った、より高貴な理解力です。

それはまるで新しい本能のような振る舞いをし、その出現によってある一定期間、以前からあった成人の生活の中でよく見る正常な特性を打ち消すのです。これらの新しい本能は一時的で、自然界が「種」の保全をしている間、ある特定の期間だけ続く、一過性の感性または感受性なのです。

これは、生物学的にみて、私たち人間から最も遠く離れた生物にも当てはまる真実です。

例えば脊椎動物の血液を食糧にする昆虫がいますが、産卵時は彼らの普段の本能とは完全に矛盾し、卵をある特定の水にのみ産みます。静流で植物性物質が豊富な水辺です。

また、蜘蛛（くも）はどうでしょう。その一生涯の間、ずっと獲物をつかまえるためだけに巣を作り続ける蜘蛛について考えてみましょう。

蜘蛛は突然、小さく綿密に編まれた内核の中に新しい生命のためだけの巣を作ります。外壁から離れたところに何本かの糸によって隔離された内核があり、その構造はまるで今日のエンジニアが利用しているのと同じ装置です。

蜘蛛の卵は内部の仕切りに囲まれ、湿気や過度の太陽熱から保護されます。

また、獰猛で知られる虎は優しい母になります。外界に突撃する時の虎の衝動は、突然激変し、新生児の避難所に適した場所を探しに遠くまで行きます。

鳥の巣や蜂の巣によって示されるように、この（動物界での）素晴らしい巣作りはすべて、次の新しい世代、子孫のために行われています。

この愛、この高貴な知性が「種」の存続を担い、幼い生命を守っているのです。これは生命で一番大切な部分であり、「種」の永久的存続は次世代にしか依存できないのです。

5．忘れられた市民

さて、人間の場合はどうでしょう？

大人の必要性にのみ答える社会を作るというのは、謎めいた現象で、これによって人間は他のほとんどの動植物に見られる、より高貴で光輝く誇らしげで素晴らしい作業を忘れてしまったようです。

人類文明にこれより偉大なものはあるでしょうか。いったいこれまでの文明は、子どものために何をしたのでしょう。人間は創り出すという特性があり、都市や道路を建設し、古いものから新しい本質を創り出しましたが、いったい子どものために何を建てたというのでしょう。

進化の過程で残った記念碑の遺跡や中に、子どもに関する美や知性の痕跡はどこにあるのでしょう？

人間の英知を結集した法律の中にも、子どものために何か対策をとったという形跡はありません。

もはや自然界の本質に匹敵する理想の象徴はどこにもありません。アート表現の中でも、大人の洗練された感情によって指示されたものは、それには及びません。

文明には、まだ最高の部分が欠けていることは明らかで——それは子どもたちに気づき、理解すること——これが新しい社会的エポック、つまり画期的な新しい時代の始まりなのです。

この進化は非常に長い過程となるでしょう。科学の発展がゆっくりと進み、教育者や慈善事業家などの試行錯誤や努力、また、子どもの神聖なる影響によって、新しいコミュニティを内包する世界は外から見ると非常にゆっくりと進み、またより繊細で、より穏やかな社会となるでしょう。

人間が持つ最高の条件を無意識になおざりにしてきたという私たちの過ちの結果、不完全社会、未発達の人間感情、そして最も優れた人間性の特別な部分が開発されなかったという事実に、ただ茫然と無関心に座っている人間の姿はあまりにも壊滅的な悲劇といえるでしょう。

このような理由で、私たちは子どもを擁護するために「近道」を探さなければなりません。つまり、今日の社会組織の中にすでにある人類防衛に関与する手段を利用しなければなりません。

それは法律という国が司る手段です。もはや一個人の努力では十分ではありません。

法律に違反した者は無法者ですが、社会の中で重要な影響力のある構成員として受け入れられない者は、社会の輪の外にいます——つまり彼は「忘れられた市民」であり、もう子どもをこのようにしておくことは、やめなければなりません。

6．子ども省

子どもの問題が社会に影響を与えるという新しい方向付けや、新たな理解、新発見に基づき、子どもと青少年のための省を設立することが急務となってきました。そしてこれは他の社会施設や慈善団体、また民間の教育団体ではなく、国家組織であるべきです。

国家の富を配分する法的権力や影響力のある、法律管理者である大臣が必要です。

この考えから、子どもの権利を獲得するために、公共意識に鋭く呼びかける手段として社会闘争が必要だと思いませんか。

闘志あふれる、子どものための政党の設立が不可欠です。実はこれは希望的観測ではなく、すでに現実になっています。

子どものための政党は一九三七年に、最も誠実な民主主義国であり、文化的な国の首都であるコペンハーゲンで、マリオ[*20]と私自身によって設立されました。

デンマークは小さな国ですが、子どもに対してとても敏感で愛情あふれる国です。

何百人もの人々が党の設立に出席しました。

国会議事堂の大ホールがその発祥の地でした。そこに参列した人々は初めて「忘れられた市民」の権利が、公共で認識されたことに拍手喝采してくれまし

＊20　マリオ
モンテッソーリの子息。マリオ・M・モンテッソーリ。

た。

この権利宣言は、子どもの持つべき社会的条件、子どもの心理学、そして人間の建造者としての子どもを説明するのに費やされた、一週間の会議の最終日に発表されました。

実は以前のモンテッソーリ大会が開催されたローマ、オックスフォード、ロンドン、エジンバラ、バルセロナ、アムステルダムなど各地での協力や、パリとバルセロナでの放送キャンペーンによってこれは可能になり、権利宣言は第七回国際モンテッソーリ大会の有終の美を飾りました。

「子どものための政党」という名前は「子どもを作るもの（または形成するもの）は、あらゆる事象、あらゆる状況に起因するのではないですか」という人々に不適切だと批判されています。

確かに普遍的な要因はあるでしょう。しかし、実はこれは人間のある一時期にのみ関わっているのです。――つまり子どもたちです――そして子どもたちの人権は、他の、すなわち大人の人権とは区別されなければならないのです。

また「政党」という表現は、社会的闘争と関係があるという考えを正しく表していますꎖつまり、到達すべき改革と、再建という具体的な目標があるということです。

一方、大人の党（大人によって作られた党）は、対照的なニーズがあり、これは階級闘争の証です。彼らは、自分の利益が関与している土地をめぐって他人の利益に対抗し戦うのです。

子どものための政党は、地球の表面積を争うための寄せ集めの党ではありません。この党は外見や表面に関心がなく、深遠さを競います。ある意味で、砂漠の表面を奥深くを掘り下げて探さなければならないでしょう。

この深さが、共通の関心を呼び起こすのです。

これは、私たちすべてが依存する、人類の生命に関わる普遍的な関心事です。

もしその共通認識が、闘争や戦いの形でしか得られない場合、それはすべての人間にとって有用な戦いとなるでしょう。なぜなら他人の目標や考えが何であれ、生きて生存し続けることが最優先事項で、それは子どもに依存しているからです。

ある人は政治と子どもの問題が混在する危険性をいいます。また、子どもたちの優しさや純粋さを傷つけるような醜い戦いを招き、この運動を子どものための政党と呼ぶことに、時々批判が表明されることもあります。

しかし、実際には子どもによって政治が残虐にはならず、逆に悪意のないもっと、穏やかな政治となるでしょう。

法と権力を獲得するため、また子どもの問題を征服するための闘いに参入することは、人間が自分のニーズを満たし、自分の問題を解決するための手段として、新たな視点をもたらすでしょう。

これを示すには、この戦い（究極のところ、子どもの利益に対抗する大人の利益の戦いに過ぎませんが）を実現するのに十分でしょう。子どもの代弁者にならなければならないのは大人です。大人自身が子どもを防衛する任務を遂行しなければなりません。

間違いなく大人は、自分より弱い子どもを守り、犠牲と献身を意味する正義を宣言するでしょう。そして、この人は、このような大人は真の騎士となるでしょう。

この騎士は、人類が本当に名誉と共に戦うべく目標達成のため、最高の道徳的原則を武器にするという、新しい形の戦い方で誇り高く挑むのです。

付録

世界人権宣言

前文

人類社会のすべての構成員の固有の尊厳と平等で譲ることのできない権利とを承認することは、世界における自由、正義及び平和の基礎であるので、

人権の無視及び軽侮が、人類の良心を踏みにじった野蛮行為をもたらし、言論及び信仰の自由が受けられ、恐怖及び欠乏のない世界の到来が、一般の人々の最高の願望として宣言されたので、

人間が専制と圧迫とに対する最後の手段として反逆に訴えることがないようにするためには、法の支配によって人権を保護することが肝要であるので、

諸国間の友好関係の発展を促進することが、肝要であるので、

国際連合の諸国民は、国際連合憲章において、基本的人権、人間の尊厳及び価値並びに男女の同権についての信念を再確認し、かつ、一層大きな自由のうちで社会的進歩と生活

水準の向上とを促進することを決意したので、

加盟国は、国際連合と協力して、人権及び基本的自由の普遍的な尊重及び遵守の促進を達成することを誓約したので、

これらの権利及び自由に対する共通の理解は、この誓約を完全にするためにもっとも重要であるので、

よって、ここに、国際連合総会は、

社会の各個人及び各機関が、この世界人権宣言を常に念頭に置きながら、加盟国自身の人民の間にも、また、加盟国の管轄下にある地域の人民の間にも、これらの権利と自由との尊重を指導及び教育によって促進すること並びにそれらの普遍的かつ効果的な承認と遵守とを国内的及び国際的な漸進的措置によって確保することに努力するように、すべての人民とすべての国とが達成すべき共通の規準として、

この世界人権宣言を公布する。

第1条

すべての人間は、生れながらにして自由であり、かつ、尊厳と権利とについて平等である。

人間は、理性と良心とを授けられており、互いに同胞の精神をもって行動しなければならない。

第２条

1．すべて人は、人種、皮膚の色、性、言語、宗教、政治上その他の意見、国民的若しくは社会的出身、財産、門地その他の地位又はこれに類するいかなる事由による差別をも受けることなく、この宣言に掲げるすべての権利と自由とを享有することができる。

2．さらに、個人の属する国又は地域が独立国であると、信託統治地域であると、非自治地域であると、又は他のなんらかの主権制限の下にあるとを問わず、その国又は地域の政治上、管轄上又は国際上の地位に基づくいかなる差別もしてはならない。

第３条

すべて人は、生命、自由及び身体の安全に対する権利を有する。

第４条

何人も、奴隷にされ、又は苦役に服することはない。奴隷制度及び奴隷売買は、いかなる形においても禁止する。

第５条

何人も、拷問又は残虐な、非人道的な若しくは屈辱的な取扱若しくは刑罰を受けることはない。

第6条
すべて人は、いかなる場所においても、法の下において、人として認められる権利を有する。

第7条
すべての人は、法の下において平等であり、また、いかなる差別もなしに法の平等な保護を受ける権利を有する。すべての人は、この宣言に違反するいかなる差別に対しても、また、そのような差別をそそのかすいかなる行為に対しても、平等な保護を受ける権利を有する。

第8条
すべて人は、憲法又は法律によって与えられた基本的権利を侵害する行為に対し、権限を有する国内裁判所による効果的な救済を受ける権利を有する。

第9条
何人も、ほしいままに逮捕、拘禁、又は追放されることはない。

第10条
すべて人は、自己の権利及び義務並びに自己に対する刑事責任が決定されるに当って、独立の公平な裁判所による公正な公開の審理を受けることについて完全に平等の権利を有する。

第11条

1．犯罪の訴追を受けた者は、すべて、自己の弁護に必要なすべての保障を与えられた公開の裁判において法律に従って有罪の立証があるまでは、無罪と推定される権利を有する。

2．何人も、実行の時に国内法又は国際法により犯罪を構成しなかった作為又は不作為のために有罪とされることはない。また、犯罪が行われた時に適用される刑罰より重い刑罰を課せられない。

第12条

何人も、自己の私事、家族、家庭若しくは通信に対して、ほしいままに干渉され、又は名誉及び信用に対して攻撃を受けることはない。人はすべて、このような干渉又は攻撃に対して法の保護を受ける権利を有する。

第13条

1．すべて人は、各国の境界内において自由に移転及び居住する権利を有する。

2．すべて人は、自国その他いずれの国をも立ち去り、及び自国に帰る権利を有する。

第14条

1．すべて人は、迫害を免れるため、他国に避難することを求め、かつ、避難する権利を有する。

2．この権利は、もっぱら非政治犯罪又は国際連合の目的及び原則に反する行為を原因とする訴追の場合には、援用することはできない。

第15条

1. すべて人は、国籍をもつ権利を有する。
2. 何人も、ほしいままにその国籍を奪われ、又はその国籍を変更する権利を否認されることはない。

第16条

1. 成年の男女は、人種、国籍又は宗教によるいかなる制限をも受けることなく、婚姻し、かつ家庭をつくる権利を有する。成年の男女は、婚姻中、及びその解消に際し、婚姻に関し平等の権利を有する。
2. 婚姻は、婚姻の意思を有する両当事者の自由かつ完全な合意によってのみ成立する。
3. 家庭は、社会の自然かつ基礎的な集団単位であって、社会及び国の保護を受ける権利を有する。

第17条

1. すべて人は、単独で又は他の者と共同して財産を所有する権利を有する。
2. 何人も、ほしいままに自己の財産を奪われることはない。

第18条

すべて人は、思想、良心及び宗教の自由に対する権利を有する。この権利は、宗教又は信念を変更する自由並びに単独で又は他の者と共同して、公的に又は私的に、布教、行事、礼拝及び儀式によって宗教又は信念を表明する自由を含む。

第19条

すべて人は、意見及び表現の自由に対する権利を有する。この権利は、干渉を受けることなく自己の意見をもつ自由並びにあらゆる手段により、また、国境を越えると否とにかかわりなく、情報及び思想を求め、受け、及び伝える自由を含む。

第20条

1．すべての人は、平和的集会及び結社の自由に対する権利を有する。

2．何人も、結社に属することを強制されない。

第21条

1．すべての人は、直接に又は自由に選出された代表者を通じて、自国の政治に参与する権利を有する。

2．すべて人は、自国においてひとしく公務につく権利を有する。

3．人民の意思は、統治の権力の基礎とならなければならない。この意思は、定期のかつ真正な選挙によって表明されなければならない。この選挙は、平等の普通選挙によるものでなければならず、また、秘密投票又はこれと同等の自由が保障される投票手続によって行われなければならない。

第22条

すべて人は、社会の一員として、社会保障を受ける権利を有し、かつ、国家的努力及び国際的協力により、また、各国の組織及び資源に応じて、自己の尊厳と自己の人格の自由な発展とに欠くことのできない経済的、社会的及び文化的権利を実現する権利を有する。

第23条

1．すべて人は、勤労し、職業を自由に選択し、公正かつ有利な勤労条件を確保し、及び失業に対する保護を受ける権利を有する。

2．すべて人は、いかなる差別をも受けることなく、同等の勤労に対し、同等の報酬を受ける権利を有する。

3．勤労する者は、すべて、自己及び家族に対して人間の尊厳にふさわしい生活を保障する公正かつ有利な報酬を受け、かつ、必要な場合には、他の社会的保護手段によって補充を受けることができる。

4．すべて人は、自己の利益を保護するために労働組合を組織し、及びこれに参加する権利を有する。

第24条

すべて人は、労働時間の合理的な制限及び定期的な有給休暇を含む休息及び余暇をもつ権利を有する。

第25条

1．すべて人は、衣食住、医療及び必要な社会的施設等により、自己及び家族の健康及び福祉に十分な生活水準を保持する権利並びに失業、疾病、心身障害、配偶者の死亡、老齢その他不可抗力による生活不能の場合は、保障を受ける権利を有する。

2．母と子とは、特別の保護及び援助を受ける権利を有する。すべての児童は、嫡出であると否とを問わず、同じ社会的保護を受ける。

第26条

1．すべて人は、教育を受ける権利を有する。教育は、少なくとも初等の及び基礎的の段階においては、無償でなければならない。初等教育は、義務的でなければならない。技術教育及び職業教育は、一般に利用できるものでなければならず、また、高等教育は、能力に応じ、すべての者にひとしく開放されていなければならない。

2．教育は、人格の完全な発展並びに人権及び基本的自由の尊重の強化を目的としなければならない。教育は、すべての国又は人種的若しくは宗教的集団の相互間の理解、寛容及び友好関係を増進し、かつ、平和の維持のため、国際連合の活動を促進するものでなければならない。

3．親は、子に与える教育の種類を選択する優先的権利を有する。

第27条

1．すべて人は、自由に社会の文化生活に参加し、芸術を鑑賞し、及び科学の進歩とその恩恵とにあずかる権利を有する。

2．すべて人は、その創作した科学的、文学的又は美術的作品から生ずる精神的及び物質的利益を保護される権利を有する。

第28条

すべて人は、この宣言に掲げる権利及び自由が完全に実現される社会的及び国際的秩序に対する権利を有する。

第29条

1．すべて人は、その人格の自由かつ完全な発展がその中にあってのみ可能である社会に対して義務を負う。

2．すべて人は、自己の権利及び自由を行使するに当たっては、他人の権利及び自由の正当な承認及び尊重を保障すること並びに民主的社会における道徳、公の秩序及び一般の福祉の正当な要求を満たすことをもっぱら目的として法律によって定められた制限にのみ服する。

3．これらの権利及び自由は、いかなる場合にも、国際連合の目的及び原則に反して行使してはならない。

第30条

この宣言のいかなる規定も、いずれかの国、集団又は個人に対して、この宣言に掲げる権利及び自由の破壊を目的とする活動に従事し、又はそのような目的を有する行為を行う権利を認めるものと解釈してはならない。

（アムネスティ原本より）

一九四八年に採択された三十条からなる「世界人権宣言」だが、モンテッソーリは子どもに関わる条文は第二十五条の第二項だけだと嘆いている。

「世界人権宣言」の全文を谷川俊太郎がわかり易く訳したパスポートサイズの「PASSPORT FOR HUMAN RIGHTS：人権パスポート」がアムネスティより発行されている。

https://www.amnesty.or.jp/human-rights/passport/

MEMO

第３章

忘れられた市民　子ども

一九五一年十二月十日に「世界人権宣言」[*1]の三周年記念を祝う式典が世界中で挙行されました。これは政界や教育界そして文化分野の責任者に、その道徳面を守り、彼らの献身性を求めるためです。それにより人権宣言が世界共通の遺産となり、人々の日々の暮らしに根付くよう願ってのことでした。

マリア・モンテッソーリ博士はユネスコから、この特別な日のイベントの重要性を更に強調するメッセージを伝えるよう招聘されました。このメッセージの中で彼女は子どもの人権を求め、それに到達するためにはさらに四〇年かかるだろうと述べ、また過去四十七年間に子どもをとりまく人権状況が悪化したことも訴えました。

＊1　「世界人権宣言」
すべての人が生まれながらに基本的人権を持っていることを初めて公式に認めた宣言（二章に全文掲載）。
一九四八年十二月十日に国際連合総会で採択された。

「忘れられた市民　子ども」

マリア・モンテッソーリ
一九五一年十月三十一日

大きな混乱の中から平和と正義のビジョンが生まれ、戦争が終わった跡には多くの人々が団決し、人間の差別観が二度とこんな大規模の破壊につながらないよう、また二度とこのような利己的で、憎しみに満ちあふれた、想像を絶するような残虐性と恐怖の嵐が起きないよう、そして二度と人道的理想の防衛の結果が、このような破壊に依存する必要がないよう確認しました。

このような人々の努力の結果、本日祝福している宣言が生まれてきたのです。

人々はいつも恐怖を遠ざけ、回避してきましたが、それは自分の家族だけを、また自分のグループだけを、また自分の国だけを恐怖から避けてきたのです。つまり人々は孤立することで、病理からの救済と免疫を求めたのです。

ボッカチオ[*2]によると、身勝手に自堕落に振る舞うことで疫病から逃れられると思った人々がいました。そして彼らの理解を越えて起こったことに対して、

＊2　ジョヴァンニ・ボッカチオ（Giovanni Boccaccio）
イタリアの作家、詩人　一三一三年－一三七五年。代表作は「デカメロン」。

神が天罰から守ってくれたと感謝しました。

しかしその頃、伝染病の侵入を防ぐための壁も、戦争の恐怖から人々を守る条約もありませんでした。他人の痛みを感じさせなくするほど魂に入り込んでいた「無関心」の殻を、恐怖の共有体験が突き破ってくれたのです。そこにい合わせた人も、いなかった人も、近隣でも遠方の人でも、同人種でも異人種でも、すべての苦しみは共通の体験となったのです。

人類は魂を取り戻し、人々はひとりひとりの心の中にあった感情に気づきました。

この結果が人権宣言なのです。

かつて奴隷や貧者、そして老人に対する利他的愛は、慈善的な施しだと評価されました。彼らに癒しや慰めを与えるために、何世紀にもわたって単独で個別の努力が繰り返されましたが、社会改革運動は無関心や無知の壁とぶつかりました。

数え切れないほどの被災者の中には、予期せぬ恩恵を謙虚に感謝と共に受け入れ、それを慈悲深い神さまからの贈り物とした受益者もいました。

こうして嵐が去り、人々は出会い、それまでは慈善の業となっていたことが、人権となったのです。

そしてそれまで見捨てられ、不平等な扱いを受けていたすべての犠牲者の上に太陽の光は輝いたのでした。もはや彼らは施しの対象として屈辱を与えられるのではなく、人権に値する尊厳を与えられたのでした。

この宣言は、強者や権力者の敬虔さを要請するものではなく、また「汝、殺すなかれ」や「汝、盗むなかれ」と戒めるものでもありません。

これは弱者や苦悩に満ちた、また拷問に侵されていた人々への告知だったのです。「あなたは保護される権利があります」や「生計を立てる力がない時は、あなたには食料を与えられる権利があります。」のようなものです。

これは老人にとって、また奴隷にとっても、まるで光が差したようでした。また見捨てられた母親と罪のない子どもたちや、心の苦しみがあったところに喜びが生まれ、新しい信頼が生まれました。もしただの宣言だったなら、単なる小さな出来事だったでしょう。過去には多くの実を結ばない宣言もありました。

しかしこの宣言は直ちに実施されました。ユネスコが設立され、世界中からこの新しい友愛関係を築くために専門家たちが派遣されました。彼らは、無関心と偏見の壁を打破することに専念しました。

それ以来、彼らは必要があればどこにでも出向きました。ある場所では、貧しい人々自身が自分の不幸に気づいていないため、その必要性を感じていない場所にも出かけていきました。

採択から三年間で多くのことが達成されましたが、まだ地平線の向こうは暗いままです。

シンプルな「宣言」だけで、不信感に満ちた、閉ざされた心を持つ人々を変えることはできません。それは宣言だけでは、視覚障がい者に視力を戻したり、身体障がい者を治すことができないのと同じです。

しかしいつか、母親が子どもたちをキリストのイメージのように抱き上げ、話しかけ、祈りながら、イコン[*3]の横に人権宣言を置き、子どもたちにそれを読んであげる日が来るでしょう。

そしてヒンドゥー教の母親も、イスラム教の母親も、仏教の母親も、そして

＊3　イコン
キリストや成人など聖書における重要な出来事やたとえ話を描いた聖像。

地球上にいるすべての母親たちが、素朴な信仰と母親の直感を通じて、未だ言葉を理解していない新生児たちに、彼らの神を表す象徴に出会わせるのです。

今日の子どもたちが無意識のうちに、属する集団の宗教的思想を内面化するのと同じように、明日の子どもたちも人権宣言を自分たちのものにするでしょう。まるで神の戒律が石に刻まれたように、それに書かれている言葉は、彼らの魂の中に刻印されることでしょう。

慈善と同胞愛のマントは、新しい人類の象徴となるでしょう。そして国連がすでに人間の権利を守るために提唱していることが、当たり前になるでしょう。そして、この偉大なプロジェクトを発展させるのは子どもたちです。それはこの宣言の中に子どもたちの尊厳は盛り込まれていないという事実にかかわらずです。

事実、「世界人権宣言」は、大人社会にのみ特化しています。

人間の権利を解明する全三〇条の中には「第二五条第二項」[*4]でのみ、「母と子には特別な援助の権利がある」という記述があります。

＊4　第二十五条第二項
「母と子とは、特別の保護及び援助を受ける権利を有する。すべての児童は、嫡出であると否とを問わず、同じ社会的保護を受ける。」
　モンテッソーリは人権宣言全三十条のうち、子どもに関する記述がここだけにしかないことを嘆いている（2章の全文参照のこと）。

これは本当にささいな言及です。なぜなら、「特別」であっても、この援助は障がい者や恵まれない人々や高齢者にも「特別な援助」が必要とあるからです。

唯一、子どもたちのみに特別に与えられた権利は、摘出児か非嫡出児に関わらず、子どもは平等な社会的保護を受けられるということだけです。このように、子どもは今まであまり配慮されてこなかったのです。

子どもは人類の運命とは何の関連もない、ただ母親という自然に従属する弱い存在と見なされ続けてきたのです。

人類における子どもの役割、つまり子どもを「人類の親[*5]」と呼ぶようになった根拠や、「人間形成を方向づける力」としては、依然として一般的に無視されているのです。

人間の生命には、二つの強力な力があることはまだ理解されていません。

一つは人間形成を後押しする力（幼児期）と、社会の構築を促進する力（成人期）です。これらの力は非常に緊密に噛み合っているので、一方が無視され

＊5　人類の親
"father of man"。

れば他方も達成されないのです。

大人の人権が必然的に子どもの権利に依存しているという認識は未だありません。

社会の関心、人権、そして宣言は、非常に密接に関連し合っているので、それぞれを孤立して考えることはできません。

もし私たちが、大人だけのことを懸念し続ければ、今日の社会的不均衡の主な原因の一つである空虚感は永久に続くことでしょう。

大人は、外国の土地を征服しようとするパラシュート隊のように、生命に突然飛び込むことはできません。

世代から次へと続く世代は、地球上に降り注ぐ雨粒のように、成熟した大人だけの連鎖の結果ではありません。

すべての人間は子どもから出発し、人類を動かすエネルギーは、子どもの中に潜むエネルギーの拡大から生まれます。

最初の人権、基本的人権はまず、子どもの権利を認識すべきです。なぜなら子どもの建設的なエネルギーを妨げ、抑圧し、逸脱させてしまう障害物を乗り越えるための後ろだてがなければ、子どもは有能でバランスの取れた大人になることができないのです。

子どもは人間の形成において重要な役割を担っています。もし労働者の尊厳と権利が認められるのであれば、人間を生み出す労働者の尊厳と権利も認めなければなりません。

子どもの自己肯定感について

子どもを尊重することを前提に、彼らがバランスの取れた健全な人間に成長、発達できるよう私たちは子どもに権利と自由を与えなければなりません。そして身に着けた技術を使って、自然が与えてくれた課題を果たすことで、彼らが人間の進歩に貢献できるようにするのです。

もし人間が、新生児という取るに足らないと思われる存在から形成されるなら、「人」になるためのサイクルの期間中で、幼児期は最も保護を必要とする時期です。

教育の問題は非常に重要で、それは地球上に住むすべての人間にとって共通の緊急課題であります。

もし人類に平等と調和を真に実現したいのであれば、人と人を隔てる社会的、思想的、言語的な差別観がまだ存在しない生命の時期、つまり幼児期をおろそかにしてはいけません。

人間社会を統一しようと努力したいのであれば、私たちは「個」を認め、その人間を誕生から認識しなければなりません。

生命の秘密を理解するためには、新生児に目を向けなければなりません。出生時には何も理解せず、記憶も、意志も持たない、自己認識の無かった存在が、どのようにして知的になるのかを研究しなければなりません。

生まれは時は何も話せずに、気づきのない状態であった赤ちゃんが、どのように文法上正しい言語を使って、成長という偉大なる神秘の中で起こる自分の欲望や思考を表現するようになるのでしょう。

教師の助けを借りずに、自分の環境で見つけた言語を二歳児が、どんな困難があろうとも使えるようになる方法はどんなものなのでしょう。

誕生時には、子どもの随意運動器官[*6]は身体を支えることも、意思に従うこともできなかったのに、どうやって突然立って歩き始めるのでしょうか？

たしかに、子どもはあたかも世界を征服したいと思っているように行動し、三歳から六歳の間の飽くなき活動は、子どもが意識的な「個」になる経験を提供してくれます。

これは偉大な能力の、神秘的で深い謎の時期です。

人間は、地面に隠れた種のように発芽し、成長し、小麦の穂のように成長するのです。

子どもは最初からそうだったのではなく、そうなるのです。

発芽した種の細胞は、そっと静かに胎芽の中で成長し、複雑な器官はすべて

＊6　随意運動器官

自分の意志で動かせる筋肉、骨などの運動器官のこと。モンテッソーリ教育では様々な活動を通して、この器官の成長・発達を大切にしている。⇕不随意運動器官。

成るべく定め、運命に従い、生命のある限り機能し続けるのです。[*7]

同じように、新生児は完全に成長した人間を「発生」させます。

新生児は、生まれてからさらに別の胎芽的プロセスが始まります。豊かな精神と心に恵まれた人間になるまでに数年かかるのです。

人間は、生物の「種」の中でも独特で、二つの胎芽期を持っています：一つは出生前で身体がつくられます。もう一つは出生後です。人間の精神が芽生える時期です。

ここではカースト制度や社会的地位、民族の違いはありません。人類全員が同じように構築されるのです。どの精神的胎芽も、自分の環境の特徴を吸収し、それを自分の中で再構築するのです。

人々が成長して異なる大人となっていくのは、その大人を生み出した子どもが、個々の誕生の時代と場所に従って設計されるからです。

＊7　胎芽期のこと
受精後三週目から三ケ月末までのこと。この間に母体内の受精卵は胎芽となり、三つの層に分かれ、各層から身体のすべての器官が形成される。

もし私たちが新生児の弱点ばかりに特化して見ている限り、また、彼らが心理的に無能だとばかり思い続けている限り、私たちは生命における最も大切な秘密と、最も重要なエネルギーの両方を見逃してしまうでしょう。

そうなると、惜しみなく降り注ぐ新しく再生された魂は、われわれの無意識の砂漠で衰えた不毛の精神の救済につながらず、無関心と抑圧の大海に消えていくことでしょう。

いったい人権宣言の中で何が子どもに提供されているのでしょう？

母と子に対する特別支援。[*8]

これは何を意味するのでしょう？　保育施設のことでしょうか？　または不当な法律や、社会的偏見に起因するかもしれない不公平さを正すことでしょうか？

確かにこれらの側面は間違いなく重要な点ですが、幼い子どもたちの状況を文明の進展が悪化させ、その結果、必要となったことへの応急処置にすぎません。

＊8　母と子に対する特別支援
第二十五条のこと。

子どもは常に忘れられた市民でした。

文明の進化は大人の生活状況に改善をもたらしましたが、一方で子どものそれは逆に悪化したのです。子どもにとって生活がさらに不健全になってきました。母親と一緒に過ごす時間は一貫して減少していきました。子どもの行動の自由は消えていき、大人と共に暮らすことが益々減少し、なくなる一方です。

もし人類の権利が宣言されて、もし子どもが大人の「作者」として認められれば、社会はただ単に無差別に施設や学校を増やすような散発的な試みよりも、はるかに意味のあることをするでしょう。

では大人はどんなことをしてもらったか見てみましょう。

文明が複雑化するにつれて、新しい要求が生まれ、手紙の郵送が減り、代わりに電報の送付、機械を通じたコミュニケーションのスピードが向上、また、それを管理するための特定の省庁を作る必要が生じました。

今日、最も必要なもの、それは「子ども省」[*9]の創設です。これは人類を育成するために必要なものです。

＊9　子ども省
"Ministry of the Child"
モンテッソーリは、単なる政党ではなく、国家機関の中に子どものことを専門に考える「省」が必要と訴えた。

この省庁は、幼い子どもたちに関する仕事をしなければなりません。しかし、子どもに関わることは、教育省[*10]でさえ価値のない仕事だと思われています。

多くの国で設けられた公共教育機関は、ヒューマニズムや民主主義を曖昧にする蒙昧主義（もうまいしゅぎ）[*11]を恐れ、教育実践内容は、人間の精神発達に必要な要素を基本にしたり、人権や民主主義自身に立脚していません。

精神的な人間の「作者」は、教育省の眼中にないかもしれません。

子どもよりもっと放置され、さらに援助が必要な人は他にいるでしょうか。

これは私ひとりが宣言しているのではありません。

今日では、幼児への援助の必要性は大規模に認識されています。実際、子どもについての徹底的な研究は、文明化された世界全体で展開されています。

私自身と協力者による実験は、過去四〇年にわたってこの分野に取り組んできました。

世界中で、その子どもの国や出生がどこであれ、発達の最初の段階で教育されれば、子どもは通常見る特徴より、もっと素晴らしい特性を見せてくれることでしょう。

＊10　教育省“Ministry of Education”
日本では文部科学省。

＊11　蒙昧主義“obscurantism”
意図的に曖昧な言い方をして、問題が明るみに出るのを防ぐためのやり方。一八世紀ごろ使われ「反啓蒙主義」ともいう。

今、私たちは生活の精神面は軽視され、消費主義が美徳として賞賛されている時代に生きています。人間の物理的な技術が自然を超越し、普遍的な破壊の恐怖を垣間見ることができます。

このために、人間のより高い特性である創造的なエネルギーの開発が、私たちの社会生活において最も緊急なニーズの一つであることをここに宣言します。

エピローグ

おわりに

本書「忘れられた市民　子ども」は、ＡＭＩ友の会ＮＩＰＰＯＮが二〇一六年から始めたマリア・モンテッソーリ博士の著書の翻訳出版活動の第四作目です。本書も、そしてこれまでの三冊『人間の傾向性とモンテッソーリ教育』（第一巻）、「一九四六年ロンドン講義録」（第二巻）、「子どもから始まる新しい教育」（第三巻）も、すべてオランダの本部、国際モンテッソーリ協会（以下ＡＭＩ）、ならびにモンテッソーリ博士の著書すべての版権を持つ「モンテッソーリ・ピアソン出版会社」（Montessori-Pierson Publishing Company）からの全面的な協力関係のもとに可能となりました。

今回も一・二巻と同じように、ＡＭＩの小さなブックレットの中から「平和と教育」、「モンテッソーリが訴える永遠の問題」、「忘れられた市民　子ども」の三冊を選び、「忘れられた市民　子ども」というタイトルで一冊にまとめました。

第一章の「平和と教育」でモンテッソーリは、自身の意味する「平和」と、如何に一般的に語られている「消極的な平和」が根本的に違うかを多くの例を用いて熱心に説いています。またどれだけ文明が発達しても、個々の人間の中に潜む「精神」が健全でなければ、人類は再び戦争を繰り返すであろうと語り、次世代を担う子どもの精神の発達を促す教育の必要性も説いています。実は昭和五〇年にエンデルレ出版より発行の、ドイツ語から日本語に訳された同じタイトル「平和と教育」（小笠原道雄・高祖敏明訳）がありますが、本章はＡＭＩが一九三二年ジュネーブでの講演のみを選び、二〇一三年に英語でブックレットに作成したものを邦訳したものです。幸いにも今回はアメリカから戻られたＡＭＩ友の会ＮＩＰＰＯＮの理事になられたばかりの福澤眞真紀子さんに翻訳のご協力を頂き支えて頂きました。

第二章の「モンテッソーリが訴える永遠の問題」には、たくさんの法律用語、人権宣言、条約などが含まれ、従来のモンテッソーリ・メソッドの本とは雰囲気が異なり驚かれるかも知れません。しかし一生涯に三度も大きな戦争を体験し、そのたびに多くの幼い生命が犠牲になるのを目撃し続けてきたモンテッソーリにとって、これは当然で自然な流れかも知れません。また、「子どもの権利条約」に『人類は子どもに対し最善のものを与える義務を負っている』と定めてあるのにも関わらず、繰り返し戦争を始める大人に対して、子どもから平和を始めなければならず、「メソッドだけでは社会を変えられません」、「子どもを代弁する政党が必要」と怒りと共に二章を書いていることが伺えます。

第三章「忘れられた市民　子ども」でも未だ訴えは続きます。『世界人権宣言』〈一九四八年採択〉の三〇条の中に、子どもに関する記載が『母と子とは特別な保護及び援助を受ける権利を有する』というたった一項しかないことを憂い、社会がもっと「人類の建設者」としての子どもの存在に気づかなければ、いくら宣言や条例が設置されても社会は何も変わらないと訴えています。この章はモンテッソーリが一九五二年五月に亡くなる約七か月前に書かれたものですが、これまで様々な政治的弾圧を受け、家族と共に戦禍を逃れながらも、また自分の学校を閉鎖されながらも「新しい教師」を育てる養成コース運営は止めなかった勇気ある一人の平和運動家としての最期の心の叫びかも知れません。

これらを出版するにあたって全巻同様、惜しみなく調査・研究をして応援して下さったＡＭＩ本部のヨーカ・フェルフールさん、毎回素晴らしい簡潔な帯を書いて下さる東京大学名誉教授の汐見稔幸さん、そして風鳴舎の青田恵さんに心より感謝いたします。

二〇一八年六月

一般社団法人ＡＭＩ友の会ＮＩＰＰＯＮ
翻訳・出版部　深津高子

国際モンテッソーリ協会（ＡＭＩ）公認シリーズ

Montessori Education

＜既刊＞

第1巻

『人間の傾向性とモンテッソーリ教育』

普遍的な人間の特質とは何か？

ISBN978-4-88024-538-6

（一三六ページ／１Ｃ／Ａ５判／ＡＭＩ友の会ＮＩＰＰＯＮ訳・監修／二、〇〇〇円＋税）

第2巻

『１９４６年　ロンドン講義録』

戦後初のモンテッソーリによる講義33

ISBN978-4-907537-02-9

（三三六ページ／１Ｃ／Ａ５判／中村勇訳／ＡＭＩ友の会ＮＩＰＰＯＮ監修／二、九七〇円＋税）

第3巻
『子どもから始まる新しい教育』
モンテッソーリ・メソッド確立の原点
ISBN978-4-907537-08-1
（一四四ページ／1C／A5判／AMI友の会NIPPON訳・監修／二、〇〇〇円＋税）

第4巻
『忘れられた市民　子ども』
モンテッソーリが訴える永遠の問題
ISBN978-4-907537-09-8
（一二八ページ／1C／A5判／AMI友の会NIPPON訳・監修／二、〇〇〇円＋税）

＜近刊＞
第5巻
『1949年　サンレモ講義録』（タイトル仮）
ISBN978-4-907537-10-4

Fumeisha
風鳴舎 http://fuumeisha.co.jp/

マリア・モンテッソーリ
Maria Montessori
（1870－1952年）

イタリア最初の女性の医師。精神医学、哲学、人類学、心理学など幅広い知識と経験を兼ね備え、鋭敏な観察眼を通して、子どもたちを観るうちに人間にはある共通した「発達の法則」があることを発見した。1907年、ローマのスラム街サンロレンツォ地区に貧しい子どもたちのための「子どもの家」を開設し、そこでの試行錯誤の結果生み出したモンテッソーリのメソッドは瞬く間に世界各地に広まり、100年たった現在も世界中で高い評価を得ている。戦後は平和教育に注目したことからノーベル平和賞に三度ノミネートされる。1952年にオランダにて逝去。―― 幼い子どもは「私たちの未来の希望である」とはモンテッソーリの深く永続する信念である。

翻訳・監修：一般社団法人 AMI 友の会 NIPPON
装丁　　　：須藤康子＋島津デザイン事務所

国際モンテッソーリ協会（AMI）公認シリーズ04
忘れられた市民　子ども
2018年8月1日　初版第1刷発行

著　者　マリア・モンテッソーリ
訳・監修　一般社団法人 AMI 友の会 NIPPON
発行所　株式会社風鳴舎
東京都北区上十条5-25-12 〒114-0034
（電話03-5963-5266　FAX03-5963-5267）
印刷・製本　奥村印刷株式会社

・本書は著作権法上の保護を受けています。本書の一部または全部について、発行会社である株式会社風鳴舎から文書による許可を得ずに、いかなる方法においても無断で複写、複製することは禁じられています。
・本書へのお問い合わせについては上記発行所まで郵送もしくはメール（info@fuumeisha.co.jp）にて承ります。乱丁・落丁はお取り替えいたします。

©2018 AMI ISBN978-4-907537-09-8　C3037
Printed in Japan